JN099402

北朝天皇研究の最前線

日本史史料研究会　監修
遠藤珠紀・水野智之　編

山川出版社

はじめに——なぜいま、北朝天皇を取りあげる必要があるのか？

一　長い間、重視されていなかった北朝天皇

建武政権（一三三三〜三六年）の崩壊後、後醍醐天皇方と敵対していた足利尊氏が、持明院統（のちの北朝）の光厳上皇、光明天皇を擁立すると、しばらくして和睦に応じた後醍醐はその皇位継承を認めたかにみえたが、強く反発していたことが明らかになった。建武三年（一三三六）十二月、後醍醐天皇は京都を出奔して吉野（奈良県）に向かい、皇統をめぐって京都の光厳上皇、光明天皇と激しく対立した。南北朝時代の幕開けである。

戦前以来、この時代の研究は、足利尊氏とその弟直義らの武士勢力と、後醍醐天皇に味方する武士・貴族らの戦いという構図で進められた。かつては、後醍醐天皇に忠節を尽くす武士が高く評価され、天皇に敵対する足利氏は「逆賊」として低く評価されるという時代の影響もあった。南朝や後醍醐天皇、それにつらなる楠木正成をはじめとする武士の動向は詳細に叙述されたが、足利氏の擁立した北朝天皇についてはあまり注目されず、その政治的役割や意義も十分に考察されなかった時期が長く続いた。

戦後には、いわゆる「皇国史観」の脱却から、足利尊氏の評価が一変した。武将・政治家として高く評価しなおされ、室町幕府研究も進展する。それに対して、戦後の南朝研究は長く停滞したが、かつての成果をもとに、室町幕府の敵対者である南朝の存在やその皇統を北朝天皇よりも主流と見なす、漠然とした感覚はなお続いていたのではないだろうか。

室町幕府の権力や制度はかなり明らかにされていき、そのことは南北朝時代を室町幕府が確立していく時代として認識する傾向をもたらしたとみられる。北朝の研究も一九八〇年代以降、本格化するが、幕府研究と比較すれば、その遅れは否めない。ただし、一九八九年の昭和天皇の死去前後より、天皇論がさまざまな学問領域で活発に議論され、天皇への関心が高まった。それ以降、幕府と北朝の関係を扱う研究もおおいに進展していくことになる。

二　注目度が高まるも、一般的な認知度は低い

上述のとおり南朝研究は長く停滞していたが、亀田俊和『南朝の真実―忠臣という幻想』（吉川弘文館、二〇一四）をはじめとする諸研究により、南朝への関心はおおいに高まった。関連書籍も多く刊行されるようになる。近年に学びはじめた読者からすると、南朝研究は盛んであるのに、北朝研究は下火ではないか、とみられる向きがあるかもしれない。

だが実際のところは、近年の南朝研究とともに、北朝天皇および北朝の研究もおおいに進展してい

る。二〇〇〇年以降の研究成果に注目するならば、かつての研究動向の偏重は解消されつつある。

しかし、北朝天皇および北朝の研究については、私たち研究者の側からしても、その歴史的意義や役割など、まだ一般読者に十分に知られていないのではないかと考えている。じつは南朝と北朝の対立だけではなく、北朝内でも皇統をめぐる対立が長く続いた。高等学校の日本史の教科書でも、北朝の記述が乏しいため、一般的な認知度が低いことは致し方ないのかもしれない。

三　天皇の歴史的役割を解明するために

そのような現状のなか、北朝天皇の存在を知ることは、現代の天皇家へと続く皇統の歴史を知るのみならず、歴代の武家権力（鎌倉幕府・室町幕府など）の志向とともに、国家権力とその制度を形成・維持するうえで、天皇の果たす重要な役割を解明することにつながるのではないかと思われる。

本書は、歴代八人の北朝天皇の動向から、百年をゆうに超える北朝天皇の時代を捉えなおし、その意義を新たに探っていく試みでもある。さらに本書は若い読者層にも配慮しつつ、かつ幅広くさまざまな世代の方々にも、これらの問題を知ってもらい、その実情を捉えて考察していただくための手引書でもある。これにより、日本史の奥深さと現代の天皇とその制度につながる重要な一時代のありようが浮かびあがり、さらなる研究の進展や関心が高まることを期待している。まさに、日本史上の見過ごされがちな存在とその時代をしっかりと位置づけていく作業でもある。

四　本書のラインナップとねらい

次に本書の各章について、その概要を紹介する。

序章「八代の「北朝天皇」、知られざる事績」（遠藤珠紀・水野智之）では、本書で扱う「北朝天皇」とは誰なのか。文末の天皇家関係系図で示したように、鎌倉時代末（十四世紀）の光厳天皇から「応仁・文明の乱」（一四六七〜七七年）のはじまりを生きた後花園天皇までの八名とする。北朝天皇の代数の根拠、各天皇の事績をできるだけ簡潔に述べている。

◆第Ⅰ部「北朝天皇の系譜をたどる」では、鎌倉後期に天皇家の皇統が分かれていく経緯を明らかにし、北朝天皇および北朝の成立とその後の展開を扱う。南朝との対立のみならず、北朝内の皇統の分立と対抗、それに対する室町幕府の関与もあわせて論じている。

第一章「南北朝分裂の淵源はどこにあるのか？」（中井裕子）では、「承久の乱」（一二二一年）以後の皇位継承と幕府の関与について取りあげる。後嵯峨上皇の意向をもとに考察し、「両統迭立」にいたった経緯と持明院統のめざした理想の政治を明らかにする。

第二章「北朝の訴訟制度を支えた「暦応雑訴法」」（森茂暁）では、鎌倉時代の朝廷の訴訟制度の検討から、持明院統と大覚寺統、ひいては北朝と南朝の政治手法などを論じる。なかでも北朝の訴訟制度における「暦応雑訴法」の果たした意義について説く。

第三章「政治的混乱が「国制の一元化」「皇統の一本化」になったわけ」（家永遵嗣）では、鎌倉時代の「朝廷―国司」系統と「幕府―守護」体制が、南北朝時代に後者へと一元化していった状況を見通す。あわせて北朝内の「崇光流」「後光厳流」の分裂から、足利義満期に皇統が一本化されていく過程や背景などを論じる。

第四章「義満と深く関与した二人の天皇――叙述される天皇の個性」（久水俊和）では、後円融天皇と後小松天皇の個性や動向に触れつつ、足利義満・義持・義教ら三人の「室町殿」とのかかわりや、天皇の政務を支えるそれぞれのあり方について詳述する。

第五章「伏見宮家出身の後花園は、天皇家の正統なのか？」（田村航）では、北朝「崇光流」の後花園天皇が即位するまでの政治過程や、意識的に「後光厳流」の立場にあったことを論じる。そのうえで、後花園天皇は天皇家の正統であったのか、天皇家の正統性の意味とともに考察する。

◆第Ⅱ部「北朝を支えた足利将軍と廷臣」では、北朝を支えた足利将軍のあり方や北朝の廷臣の動向を扱う。北朝に関する研究史と成果を確かめつつ、北朝の存在意義や、北朝天皇と将軍家の交流、北朝を支えた関白や実務官僚らの活動を論じている。

第六章「北朝は、室町幕府の〝傀儡政権〟だったのか？」（水野智之）では、足利尊氏から義満にかけての北朝と幕府の関係を扱う。北朝の政治構造や訴訟制度の解明など、これまでの研究成果をたどりつつ、北朝の政治的主体性や実権のありようから、「公武」の政権像を展望する。

第七章「「南北朝合一」後、親密さを演出した天皇家と将軍家」（石原比伊呂）では、『椿葉記（ちんようき）』『山賤記（やまがつのき）』という伏見宮（ふしみのみや）家の人物による史料から、「後光厳流」と「崇光流」に対して、おもに足利義持から義政がどのような立場で支え、いかなる関係にあったか、その推移を概括する。

第八章「二十余年、関白に在職した〝北朝の柱石〟」（小川剛生）では、摂関家の二条良基（にじょうよしもと）を取りあげる。良基の著作物と同時代の古記録の考察から、その活動や朝廷内での立場などの実像に迫り、北朝を支えた良基の指導力と関白の存在意義について論じる。

第九章「北朝存立に不可欠な「実務官僚」たちの実像」（遠藤珠紀）では、朝廷の実務を支えた下級官人の動向を検討する。南北朝・室町期の官司機構の特徴に触れつつ、南朝・北朝の権力の変動による影響を、外記局（げききょく）の中原（なかはら）氏一族内の勢力争い、弁官（べんかん）局史の小槻（おづき）氏、陰陽寮（おんようりょう）・内蔵（くら）寮の様相から考察する。

◆第Ⅲ部「北朝をめぐる論点と新視点」では、宗教や文化の観点から、寺院社会や公家社会において北朝天皇の時代の新たな様相を扱う。加えて、南北朝の対立と王統の捉え方をめぐって、後世に及ぼした思想とその影響などを論じている。

第十章「南北朝対立とは異なる青蓮院門跡の〝相承〟の世界」（生駒哲郎）では、青蓮院門跡（しょうれんいんもんぜき）が相（そう）

承された経緯を取りあげる。鎌倉時代の慈円の思惑とそれ以降に門跡を継いだ摂関家と天皇家の子弟の事情をたどり、南北朝時代の後小松天皇に二条良基が即位灌頂を授けた意義や門跡相承の独自の論理を論じる。

第十一章「先帝供養の儀礼と奏楽――後光厳流天皇と〝笙〟」（三島暁子）では、天皇家の皇統をめぐる供養と音楽のありようを考察する。後光厳天皇による追善供養と楽器「笙」の演奏、その後の推移や管弦にみる皇統意識を足利家の関与をふまえながら概括し、祭祀や儀礼の意義を説く。

第十二章「なぜ後世になって王統問題が再燃するのか？」（山口道弘）では、「南北朝正閏論」、すなわち南朝・北朝のいずれが正統と見なされてきたかという問題を扱う。中世から太平洋戦争期頃までにかけての多様な認識を、その論拠とともに論じる。

以上の各章には、北朝天皇研究の最新の成果を提示するとともに、新たな研究を切り拓いていくための多様な視点が示唆されている。より多くの方々が、各執筆者の熱意のこもった論説に触れていただけることを願うばかりである。

二〇二三年十月十七日

編者　水野智之

天皇家関係系図

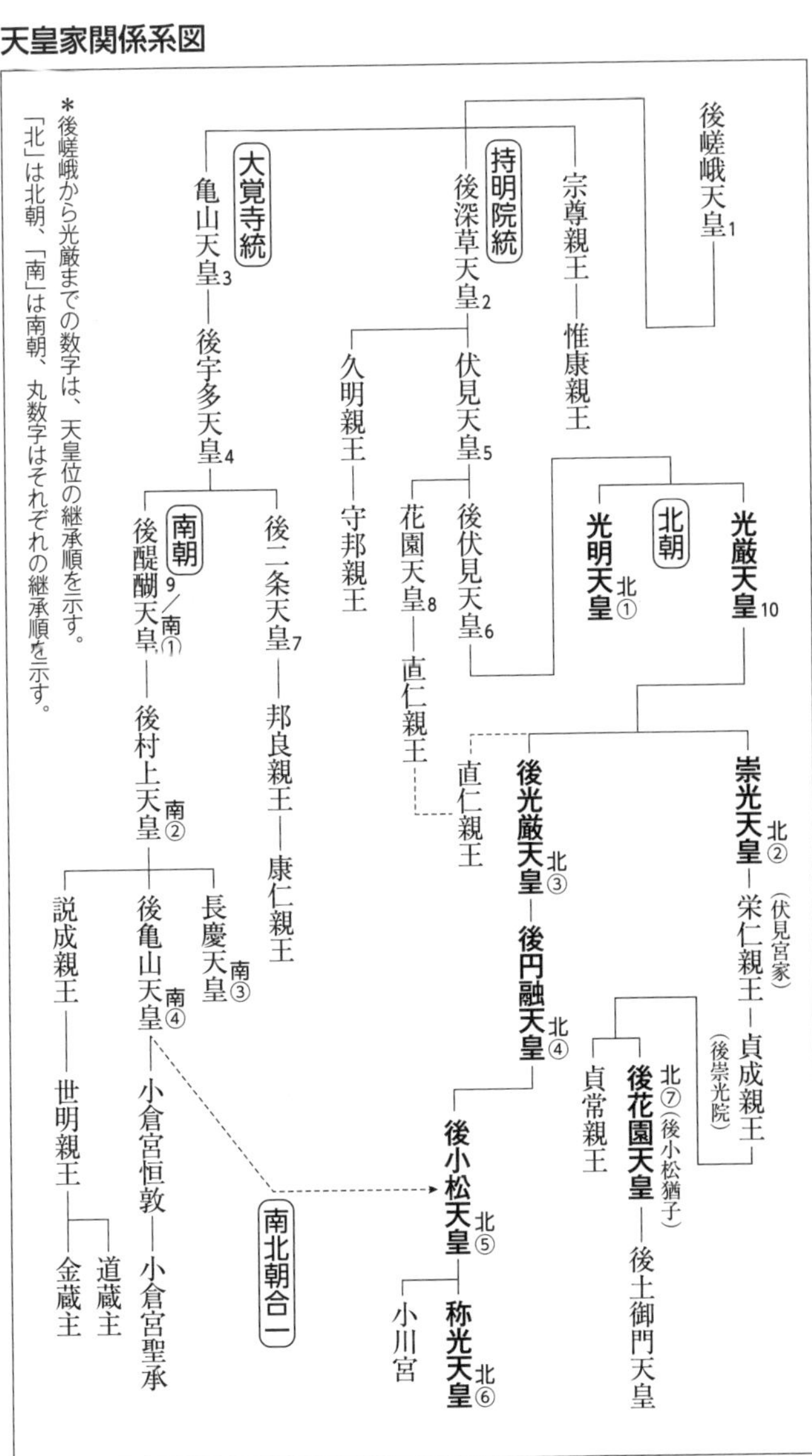

後嵯峨天皇1
宗尊親王
惟康親王
持明院統
後深草天皇2
伏見天皇5
久明親王
守邦親王
大覚寺統
亀山天皇3
後宇多天皇4
後伏見天皇6
花園天皇8
直仁親王
北朝
光明天皇北①
光厳天皇10
崇光天皇北②
栄仁親王（伏見宮家）
貞成親王（後崇光院）
後光厳天皇北③
後円融天皇北④
後小松天皇北⑤
称光天皇北⑥
小川宮
貞常親王
後花園天皇北⑦（後小松猶子）
後土御門天皇
南朝
後醍醐天皇9／南①
後二条天皇7
邦良親王
康仁親王
後村上天皇南②
説成親王
後亀山天皇南④
長慶天皇南③
世明親王
金蔵主
道蔵主
小倉宮恒敦
小倉宮聖承
南北朝合一
＊後嵯峨から光厳までの数字は、天皇位の継承順を示す。
「北」は北朝、「南」は南朝、丸数字はそれぞれの継承順を示す。

北朝天皇研究の最前線——目次

※本文中に示した人物の生没年や読み仮名については、典拠する史資料などの理由により、同一人物でも異なる場合があります。

※本書、各論稿中の参考文献の著者への敬称は、省略させていただきました。

序章　八代の「北朝天皇」、知られざる事績

遠藤珠紀・水野智之

はじめに――南北朝分裂・北朝分裂、そして合一へ

序章では、持明院統・北朝系の光厳天皇から、後花園天皇までの八人の天皇の事績に焦点を当てたい。

なぜこの八代を取りあげたのか。皇統は、鎌倉時代半ば（十三世紀中頃）より持明院統と大覚寺統に分裂する（本書の第一章を参照）。そして「建武の新政」（一三三三～三六年）が頓挫した後醍醐天皇（一二八八～一三三九）が比叡山（滋賀県大津市）に逃れると、足利尊氏（一三〇五～五八）は持明院統の光厳を「治天の君」（天皇家の家長）に、その弟の光明を天皇に据え、「南北朝」の並立につながっていく。

その後、足利家内の争いに端を発した南北朝の一時的な合体＝「正平一統」（一三五一～五二年）が破綻すると、北朝の光厳・光明・崇光（光厳の第一皇子）は南朝に連れ去られてしまう。この事態に

北朝では崇光の弟、後光厳を擁立した。これにより北朝内部も「崇光流」と「後光厳流」に分裂することになった。

この北朝両流の対立は、「後光厳流」の称光（後光厳の曾孫）が死去し、「崇光流」の後花園（崇光の曾孫）が「後光厳流」の後小松（後光厳の孫）の猶子として皇位を継承（一四二八年）することで収束した。

こうした北朝系八代の歩みは、十四世紀前半の南北朝の分裂から、北朝内部の皇統分裂、そしてその解消までの百年を超える歴史ということになる。

(1) 光厳天皇

一三一三〜六四。在位一三三一〜三三

持明院統の正嫡として期待される

光厳は、持明院統の後伏見天皇（一二八八〜一三三六）と寧子（広義門院〈一二九二〜一三五七〉。西園寺公衡の娘）の子として生まれた。諱は量仁という。嘉暦元年（一三二六）、後醍醐天皇の皇太子に立てられた。叔父の花園院（一二九七〜一三四八）は、量仁親王に『誡太子書』を贈り、将来の天皇としての心得を説いている。持明院統の正嫡として期待された存在だった。

元弘元年（元徳三。一三三一）八月二十四日、後醍醐は「元弘の変」（倒幕計画）の露見によって笠置山（京都府笠置町）に「三種の神器」（ただし、神璽と宝剣）を持って出奔した。その後、鎌倉幕府の京の出張機関である六波羅探題に捕縛される。九月二十日、量仁は後伏見を「治天の君」として即位し、「正慶」と改元した。光厳即位の経緯は寿永二年（一一八三）、安徳天皇（一一七八～八五）の都落ちにともなう後鳥羽天皇（一一八〇～一二三九）の即位を先例としている。すなわち前代（後醍醐）の天皇の詔ではなく、後伏見院の命による践祚である。

すでに触れたように「三種の神器」は後醍醐が持ち去っており、後白河院（一一二七～九二）の命により即位した後鳥羽同様に、「三種の神器」を持たない天皇であった（ただし、後醍醐は捕縛ののち神璽と宝剣を返還している）。皇太子には、鎌倉幕府の奏請により、大覚寺統の康仁親王（一三二〇～五五。後二条天皇の孫）が立てられた。

幕府滅亡、天皇廃位、建武政権崩壊

正慶二年（元弘三年。一三三三）、後醍醐の倒幕に与した足利尊氏軍が京に攻め上る。六波羅探題の北条仲時（一三〇六～三三）は、光厳をはじめ後伏見・花園両院を連れて落ち延びるが、近江国の番場宿（滋賀県米原市）で一族とともに自害した。光厳は、この凄惨な集団自決を目の当たりにすることになった。

鎌倉幕府が滅亡（一三三三年）し、後醍醐が復権すると、光厳天皇は廃された。光厳は太上天皇（上皇）の尊号を与えられるが、譲位ではなく「皇太子」の辞退にともなう尊号、「在位に非ざるの由」とされ、即位したこと自体が認められなかった。光厳が定めた人事、決裁、「正慶」年号なども取り消された（ちなみに鎌倉幕府は、後醍醐天皇による「元弘」改元を用いていない）。後醍醐の論理では、「元弘の変」による退位はなく、自らの治世が継続していたことになる。

しかし、後醍醐による「建武の新政」は崩壊し、建武三年（一三三六）五月に後醍醐は比叡山に逃れる。同八月、足利尊氏の計らいにより、光厳の弟の豊仁が天皇となり（光明天皇）、光厳が院政を行うこととなった（この年四月、光厳・光明の父である後伏見は没している）。一方の後醍醐は、同二月に「延元」と改元しているが、尊氏は用いていない。また後醍醐の出奔以降、北朝も「延元」を「建武」に戻した。以後、南北朝でそれぞれの年号を使用する。同十二月には後醍醐は吉野に逃れる（「南北朝分立」）。

併存する二人の天皇

さて従来、南北朝時代の天皇歴代の数え方については、さまざまな表現がなされている。現在の『皇統譜』は、「南朝正閏論」により南朝の天皇を記しており、光厳天皇は歴代に数えられていない。そのため、光厳天皇を北朝第一代とする書物も多い。そうしたなかで、本稿では光厳を「北朝0代」

とした。上述のとおり、鎌倉幕府を滅亡させ復権した後醍醐は、光厳の即位を認めなかった。南朝側の視点では、光厳は歴代天皇に入らないことになる。

しかし、後醍醐から光厳への代替わりは、当時の朝廷や鎌倉幕府では正式に行われており、一方でこの間の後醍醐は天皇としての実態を有していなかったと捉えられる（十五世紀半ばに成立した『本朝皇胤紹運録』は光厳を歴代に入れる）。「建武の新政」崩壊により、建武三年五月、後醍醐は比叡山に出奔し、八月には光明天皇が践祚した。

後醍醐は一度帰京するが、十二月に吉野への、二度目の出奔を遂げた。かくして両朝の断絶は確定的となり、両朝にそれぞれ天皇がいる事態となった（南北朝の分立）。その意味で「天皇」としての北朝初代は光明天皇となろう。

(2) 光明天皇

一三二二〜八〇。在位一三三六〜四八

中継ぎ的存在を自認

光明は、後伏見と寧子（広義門院）の子、光厳の同母弟である。諱は豊仁。先述のとおり光明の即位は、「建武の新政」崩壊による後醍醐の出奔にともなうもので、兄の光厳が「治天の君」となった。光厳に続き、今回の践祚も院による詔、「三種の神器」不在により「寿永の例」を用いた。

建武三年（一三三六）十一月二日、光明はひとたび帰京した後醍醐より「三種の神器」を受け取り、後醍醐に太上天皇（上皇）の尊号を宣下した。同十四日、後醍醐の子成良親王（一三二六〜？）を皇太子とする。しかし十二月、後醍醐の再度の出奔により、両統の和解は沙汰止みとなった。

その後、暦応元年（一三三八）に至り、光厳の第一皇子の益仁親王（崇光天皇）が皇太子となる。家永遵嗣は、この立太子を足利尊氏が両統の和睦を断念した表れと指摘する。またこのとき光厳は、直仁親王（後述）の立太子を望んだが、廷臣の反対により、益仁が立太子したという（家永：二〇一六）。

光明自身は、学問・芸能・有職故実に励む様子はみられるが、政治的な動向は確認できないという。譲位後も兄の光厳が健在であり、院政を敷くことはなかった。益仁親王に皇位を伝えるまでの、中継ぎ的存在を自認していたと推測される。とはいえ、しばしば光厳のもとを訪れるなど、兄弟の関係は悪くなかった（石原：二〇一九）。皇子が一人、皇女が二人いたようだが、いずれも仏門に入り、子孫が皇統を受け継ぐことはなかった。

(3) 崇光天皇

一三三四〜九八。在位一三四八〜五一

直仁親王の立太子

貞和四年（一三四八）、光明から譲位を受けて天皇となる。数え年十五歳であった。崇光は光厳の第一皇子、母は正親町三条公秀の娘秀子（陽禄門院。一三一一〜五三）である。諱は益仁、践祚前に興仁と改めた（『親長卿記』長享三年〔一四八九〕九月三日条）。

践祚の同日、直仁親王（一三三五〜九八）が光厳の猶子として皇太弟に立った。直仁親王は花園の子であるが、じつは光厳の実子である、と光厳が告白している（「光厳院宸翰御置文」。飯倉：二〇〇二）。

家永遵嗣は、直仁の母正親町実子（正親町実明の娘。宣光門院〔一二九七〜一三六〇〕）の兄公蔭の室（北条〔赤橋〕久時女）と足利尊氏の室登子（北条久時女）が姉妹であることに注目した。そして、足利尊氏にとって義理の甥である直仁の後見をさせ、北朝を維持しようとしたと指摘する（家永：二〇一六。本書の第三章参照）。

足利氏の内紛と三院の拉致

観応元年（正平五年。一三五〇）、「観応の擾乱」が勃発した。足利尊氏・直義（一三〇七〜五二）兄弟の争いから生じた騒乱であるが、これにより光厳・光明・崇光・後光厳の四代の天皇の人生は大きく変化した。

まず観応元年十月、尊氏・高師直（尊氏側近。?〜一三五一）は直義の養子足利直冬追討のため中国地方に出陣する。十一月、足利の内紛から出家していた直義は、南朝に降伏した。尊氏に対抗する正当性を得るためである。翌観応二年（正平六年）、高一族が粛清され、尊氏・直義兄弟は和睦するかにみえた。しかし八月、直義は北陸に走り、兄弟は再び対立する。同十月、足利尊氏は直義に対抗するため南朝に降伏する（「正平一統」＝北朝の一時消滅）。

十一月、南朝の後村上天皇（一三二八〜六八）の即位が行われることになり、十二月に北朝の所持する「三種の神器」（南朝側はこの「神器」は偽物とする）が後村上天皇のもとに届けられた。崇光は廃されるが、いちおう太上天皇の尊号が宣下された。崇光の前代の天皇である光明は、北朝において退位した貞和四年（一三四八）にすでに尊号宣下がなされているが、このときあらためて後村上天皇の沙汰として尊号が宣下された。皇太弟の直仁親王は、東宮の証である壺切太刀を返上し、親王宣下もなかったこととされた（『園太暦』同年正月二日条）。

翌正平七年閏二月、南朝は光厳・光明・崇光の三人および皇太弟の直仁親王を、後村上の行宮石清水八幡宮（京都府八幡市）に連れ去った。四人は南朝が足利軍に攻められ撤退するのにともない、三月には河内国東条（大阪府富田林市付近）、さらに大和国賀名生（奈良県五條市）に身柄を移され、幽閉された。

崇光は帰京後、明徳三年（一三九二）に出家し、応永五年（一三九八）正月十三日に六十五歳で死去した。

(4) 後光厳天皇

一三三八〜七四。在位一三五二〜七一

南朝側から「偽朝」「偽主」と称される

後光厳は、光厳の皇子で崇光の同母弟にあたる。諱は弥仁。上述の四人が連れ去られたのち、京に残っていたのは、十五歳の弥仁王と、崇光の子で二歳の栄仁王（一三五一〜一四一六）の二人だった。このうち弥仁王がにわかに元服し、同日践祚した。弥仁王は妙法院に入室する予定で、このときまで親王宣下も受けていなかった。

しかし、「正平一統」により「三種の神器」は南朝の手に渡っており、また皇位指名権をもつ「治天の君」も不在で、皇位の正統性が担保できない状況であった。弥仁は祖母の広義門院（光厳・光明院母）を治天とし、古代の継体天皇を先例として皇位に就いたが、南朝側からは「偽朝」「偽主」と称されている。

後光厳と室町幕府は、ともに正統性を欲しており、密接に結びついていく（石原：二〇一五）。後光厳はまた南朝との京都争奪戦のなかで、三度も京を離れ、近江や美濃国小島（岐阜県揖斐郡揖斐川町）に退避することになった。応安四年（一三七一）、子の緒仁親王（後円融天皇）に譲位し、応安七年に三十七歳で亡くなった。

拉致された四人のその後

さて、文和年中（一三五二～五六年）になると南朝の勢力が弱まっていく。連れ去られていた光厳・光明・崇光、直仁の四人も、南朝のもとからようやく帰京することができた。その後をみてみよう。

文和三年（一三五四）三月、四人は河内国金剛寺（大阪府富田林市）に移された。四人のなかで光明は、一足早く文和四年八月に帰京した。光明の解放が早かったことについて、飯倉晴武は、院が繊細な人柄で見る人の同情を誘ったからではないか、と推測する（飯倉：二〇〇二）。これに対し、石原比伊呂は、光明は政治的な活動が見られず、解放してもリスクがないため、ほかの三人に先立って実験的に戻されたのではないかと指摘している（石原：二〇一九）。光明はその後、伏見保安寺（京都市伏見区。現在廃寺）、深草金剛寿院（同）、伏見大光明寺（同）などに隠棲し、康暦二年（一三八〇）六月二十四日に大和国長谷寺（奈良県桜井市）でひっそりと亡くなった。

残る光厳・崇光両院、直仁親王は、延文二年（一三五七）二月に帰京した。光厳は、洛外の深草金剛寿院に入る。以後、嵯峨小倉（京都市右京区）さらに丹波国山国荘（同）の常照寺（常照皇寺）に隠棲し、貞治三年（一三六四）七月七日に死去した。五十二歳。

崇光は帰京後、広義門院の伏見殿（京都市伏見区）を継承した。そのため崇光の子孫は伏見宮と称される。今一人の直仁親王も復権はできず、応永五年（一三九八）、六十四歳で没する。

なお、光厳・光明の母で、後光厳即位にあたり「治天の君」の役割を果たした広義門院は子・孫四人の帰京を見届け、その半年後の延文二年閏七月に没している。

再度分裂する皇統

崇光が南朝に幽閉されている間に、北朝の皇位には弟の後光厳天皇が就いていた。帰京後、崇光は自らの子栄仁の立太子を望むが果たされず、後光厳の子である後円融天皇が即位した。以後、北朝天皇家では「崇光流」と「後光厳流」の対立が激化し、皇位を取り戻すことが「崇光流」の悲願となる。皇統は再度分裂するのである。

また持明院統が伝領してきた莫大な長講堂領（後白河院に淵源をもつ王家荘園群）も、「後光厳流」に継承されることになった。一方、「崇光流」は南朝により廃太子とされた直仁親王が受け継いでいた室町院領（後堀河天皇の皇女室町院〔一二二八～一三〇〇〕が伝領した王家荘園群）を入手した（白根：二〇一八）。

二重に「廃位」された崇光天皇

ところで以後の北朝では、「正平一統」による崇光天皇の退位は、どのように扱われていたのだろうか。後光厳の践祚にあたり、北朝では崇光を「旧主」「新院」、あるいは光厳・光明と併せて「三院」とよんでいる。また先例として、平安中期の花山（かざん）天皇から一条天皇に代替わりを遂げた例があげられている。崇光は、延文二年（一三五七）の帰京時にも「新院」と称され、観応二年（正平六年。一三五一）に太上天皇の尊号宣下があったと記されている。

これらからわかるのは、北朝側では、後村上天皇による廃位および尊号授与は取り消されず、崇光天皇はすでに退位した存在で、ゆえに後光厳天皇が即位するという体裁としたことである。崇光本人はどのように考えていたのかは不明だが、「崇光流」である孫の伏見宮貞成（さだふさ）親王（一三七二〜一四五六）が記した伏見宮家の歴史書『椿葉記（ちんようき）』にも、「崇光は正平六年に尊号を奉られた」とあり、子孫も同様の認識だったようである。

また南朝に幽閉された崇光は「子孫は皇位継承を望むことをしない」との告文（こうもん）（誓約状）を記したという。南朝に対する皇統放棄の誓約であろうが、のちには「後光厳流」との争いのなかで、この誓約が「後光厳流」の正統性を担保するものとしても利用された（『満済准后日記（まんさいじゅごうにっき）』永享（えいきょう）五年〔一四三三〕十月二十三日条）。

崇光は南朝だけでなく、北朝からも「廃位」されていたのである。

（遠藤珠紀）

(5) 後円融天皇

一三五九～九三。在位一三七一～八二

足利義満とそりが合わず

後円融は、後光厳天皇と広橋仲子（崇賢門院〔一三三九～一四二七〕。実父は石清水八幡宮祀官の紀通清）の子として誕生した。第二皇子であったが、母親の出自が広橋家（養女）となり身分が高かったため、皇位を継ぐことになった。諱は緒仁という。

応安四年（一三七一）三月二十三日に即位した。「崇光流」の人びとは、崇光天皇の子、栄仁親王こそが本来の皇位継承者であり、その実現を望んでいたため、後円融天皇が即位すると、崇光上皇と後光厳上皇の対立が深まった。幕府は「後光厳流」の皇位継承を望んでおり、幕政を主導していた管領（執事）の細川頼之（一三二九～九二）は後円融天皇の即位を支えた。

細川頼之が失脚した「康暦の政変」（一三七九年）後の幕府では、三代将軍の足利義満（一三五八～一四〇八）が立場を強めており、後円融天皇は政務を進めていくにあたって、義満の執奏、つまり天皇への申し入れを、円滑に承認しなかったことが確かめられる（『後愚昧記』永徳元年〔一三八一〕八月十二日・二十四日条など）。後円融天皇の政務に対する考え方や姿勢が、義満のそれとうまく即応せず、両者の関係は良好でなかった一面が知られる。

息子の即位式に欠席する

永徳二年（一三八二）四月十一日、後円融天皇は退位し、その後は上皇として院政を行った。このときにも皇位継承をめぐって「崇光流」の人びとと対立したが、義満は後円融天皇の子幹仁（のちの後小松天皇）の皇位継承を支持した。ただし、後円融天皇は関白の二条良基（一三二〇〜八八）、足利義満との関係が悪くなっていたため、幹仁の即位式は後円融の欠席のまま、両人の主導のもとに行われた。

後円融天皇と足利義満の不和を示す出来事として、永徳三年二月、後円融上皇が妃の三条厳子（一三五一〜一四〇七）と義満との密通を疑い、厳子を刃傷に及んだ事件はよく知られている（『後愚昧記』永徳三年二月一日・二日条など）。後円融上皇の母崇賢門院は、感情の高ぶった息子を執りなし、義満も密通はない旨の起請文を提出するなどして収束したが、その後の後円融上皇は積極的に政務にかかわらなかったようである。

朝廷では、摂政となった二条良基や将軍で左大臣の義満が政務を主導した。明徳四年（一三九三）四月二十六日、後円融上皇は三十六歳で死去した。

⑹ 後小松天皇

一三七七〜一四三三。在位一三八二〜一四一二

「南北朝合一」を実現する

後小松は、後円融天皇と三条厳子との第一皇子として誕生し、至徳四年（一三八七）正月に元服した。明徳三年（一三九二）閏十月には南朝の後亀山天皇（一三五〇?〜一四二四）から「三種の神器」を譲り受け、「南北朝合一」を果たした。

父の後円融上皇が死去した明徳四年には、十七歳になっていた。後小松天皇と足利義満の関係は、良好であったとみられる。後円融上皇の没後、後小松天皇は政務の多くを義満に委任していたかのようであり、義満も応永二年（一三九五）六月に出家して以降は、自らを「法皇」と位置づけて朝廷に臨んでいた。

義満は「崇光流」の栄仁親王に対して出家を迫り、皇位の継承を断念させた。長講堂領などの荘園群も後小松天皇が収公することとなり、「崇光流」は伏見宮家という親王家となった。

義満死後、主体性を強める後小松

応永十三年（一四〇六）十二月、国母である三条厳子が死去する際、義満は後小松天皇にとって父

母の喪に服する諒闇が、後円融上皇に続いて再び起きることを避けるため、義満の正室日野康子（一三六九～一四一九）を後小松天皇の准母（天皇の生母ではない女性が、母に擬されること）とした。足利家では天皇と親密で、一体的な関係になるよう働きかけていたように見受けられる。

応永十五年五月、義満が死去すると、後継の四代将軍義持（一三八六～一四二八）は幕府の有力者斯波義将（一三五〇～一四一〇）の支持を得て、足利家の後継者としての立場を固めた。義満・義持父子は、いずれも後小松天皇を支えたが、「上皇」として振る舞った義満と、内大臣として自らを位置づけた義持とでは、そのあり方は大きく異なった（石原：二〇〇六）。

義持は、父義満と異なり、多くの公家衆を伺候させようとせずに限定したり、後小松天皇の臣下である姿勢を明確にしたりしたため、政務に対する後小松天皇の主体的な姿勢は強まっていった。

「崇光流」の皇子を猶子にする

後小松天皇は応永十九年（一四一二）八月に、皇位を第一皇子の躬仁（称光天皇）に譲り、自らは上皇として院政を開始した。義持は院執権として後小松上皇の院政を支えた。このときの皇位継承は、北朝と南朝の皇子が交互に皇位を継承するという「南北朝合一」の和睦条件に違反していたため、不満をもった伊勢国司の北畠満雅（?～一四二九）は挙兵した。幕府はその軍事的対応を計りつつ、「後光厳流」の後小松上皇の系統を支持した。

応永三十五年正月、足利義持が死去し、その弟の青蓮院義円（のちの足利義教。一三九四〜一四四一）が後継者に定まった。そして、同年七月には称光天皇も死去した。

後小松上皇は義教と諮りながら、「崇光流」の伏見宮貞成親王の皇子彦仁を自身の猶子として即位させ、院政を継続した。義教とはあまり良好な関係でなかった様子もみられるが、義教は後小松上皇、後花園天皇を支えた。永享三年（一四三一）三月、後小松上皇は出家し、同五年に五十七歳で死去した。

(7) 称光天皇

一四〇一〜二八。在位一四一二〜二八

足利家・日野家に密着した存在

称光は、応永八年（一四〇一）に後小松天皇と日野西資子（光範門院〈一三八四〜一四四〇〉）。日野西資国の娘）の子として生まれた。同十八年に親王宣下をうけて元服し、翌年に践祚した。

外祖父の日野西資国（一三六五〜一四二八）の兄妹には義満の正室日野業子をはじめ、日野資康（一三四八〜九〇）、日野資教らがおり、資国の姪康子（資康の娘）は後小松天皇の准母であった。康子の妹栄子（一三九〇〜一四三一）は義持の正室であり、称光天皇の准母でもあったから、称光天皇は足利家及び日野家と密着した存在であったと見なされている（村井：一九八六）。

称光天皇は丈夫でなかったが、武勇を好んで乱暴することもあった。猜疑心が強く、精神的に不安定であったことは衆目の一致するところである。たとえば、応永二十三年六月、称光天皇は太刀・刀や弓の扱いを好み、それらを弄ぶことに拘泥し、金の鞭で近臣や官女を打ち据えたため、義持が後小松上皇に苦情を述べることがあった（伊藤：二〇〇八）。

応永二十五年七月には、新内侍という宮中の女房が懐妊したが、称光天皇は自身の子ではなく、新内侍が伏見で過ごした際の子であると疑った。その矛先は「崇光流」の栄仁親王の子貞成親王にも向けられた。貞成親王は起請文を提出して嫌疑を晴らし、実否を調べた義持も事実無根としたが、後小松上皇や義持も称光天皇の対応には苦慮したようである（横井：一九七九、桜井：二〇〇一）。

体調の回復見込みなし

称光天皇は病気がちであったため、体調が回復するよう祈禱がしばしば行われた。応永二十五年（一四一八）十月には、妙法院堯仁法親王（後光厳の皇子。一三六三〜一四三〇）が祈禱を務め、効果がみられたようであるが、称光天皇はその後も重体になることが繰り返された。回復の見込みがなかったせいか、数年後には多くの僧侶が「故障」と称して祈禱を務めようとしなかったことも明らかにされている（髙鳥：二〇一八）。

応永三十二年六月には、称光天皇と後小松上皇がひどく険悪になることが起こった。称光天皇が琵琵琶法師を内裏に招こうとして上皇に承諾を求めると、上皇は先例がないので控えるよう伝えた。称光はその返答に強い不満を抱き、上皇も先例にない行為を時折していると非難したのである。

後継者問題、政務遂行に不満をもつ

称光天皇には後継となる男子がおらず、体調も不全であったため、すでに応永二十九年（一四二二）、後小松上皇は義持と相談のうえ、称光天皇の弟小川宮（一四〇四〜二五）を皇太弟に立てていた。ただし、小川宮も素行が悪く、泥酔して妹を踏みつけて乱暴をしたり、称光天皇が飼っていた羊を所望してもらい受けたが、それを撲殺したりするなど、よい評判はなかった。小川宮は先に死去したが、称光天皇は後小松上皇による後継者の差配や、長く自らの政務を十分に行えないことに根深い不満をもっていたとみられる。

応永三十二年七月、称光天皇は重体となり、周囲もその死を予見したが、回復することがあった。このように病気・小康状態への繰り返しと親子対立が続くなか、称光天皇は正長元年（一四二八）七月に死去した。

朝廷・院・幕府の共同政治の実像を捉えるうえで、統治者の一人である称光天皇の境遇や政治姿勢などは、近年あらためて注目されつつある。

(8) 後花園天皇

一四一九〜七一。在位一四二八〜一四六四

後小松上皇の猶子になる

後花園は、応永二十六年（一四一九）六月に伏見宮貞成親王（後崇光院）と庭田幸子（敷政門院。一三九〇〜一四四八）の子として生まれた。諱は彦仁である。称光天皇は病気が続き、その後継者の決定は難航していた。

応永三十二年二月に皇太弟の小川宮が死去し、「後光厳流」の血統が断たれたため、後小松上皇は伏見宮家を後継としたが、貞成が親王宣下を受けるにあたって後小松上皇の猶子になると、称光天皇が貞成の擁立に反発した。貞成は皇位継承の意志のないことを示して出家するが、水面下では彦仁に後継者としての期待がかかった。すでに称光天皇の即位により、後南朝勢力の強い反発もあるなか、正長元年（一四二八）七月二十日、称光天皇が没すると、同月二十八日、後小松上皇はすでに猶子として上皇御所に迎えていた彦仁（後花園天皇）を践祚させた。

伏見宮家にも配慮を示す

後花園天皇は後小松上皇の猶子として「後光厳流」にあったが、六代将軍の足利義教は実父の貞成親王を厚遇した。永享五年（一四三三）十月、後小松上皇が没すると、後花園天皇は後小松上皇の子として諒闇を実施するかどうか、義教および廷臣も巻き込み問題となった。義教は実施に反対であったが、結局は神慮をうかがう籤によることとなり、実施することに決した。

こののちも後花園天皇は「後光厳流」の立場を維持したが、実父貞成親王や伏見宮家にも配慮を示した。文安元年（一四四四）には、後花園天皇の実母庭田幸子に准三后（太皇太后・皇太后・皇后の三后〔三宮〕に准じた処遇を与えられた者）の宣下がなされ、「朕の母」と表記されたこと、同四年には貞成親王が太上天皇の尊号（後崇光院）を授けられた。貞成は実質的な上皇の立場にあり、主要な政務には携わらないが、朝廷・院・幕府の政治体制は整えられたとみてよい。

幕府体制の安定、そして仁政をめざす

播磨守護赤松満祐（一三八一〜一四四一）が、将軍義教を討って戦いとなった「嘉吉の乱」（一四四一年）により、幕府体制は動揺した。後花園天皇は赤松氏を朝敵と見なし、その討伐を命じる綸旨を発給するなど、幕府体制が安定するように努めた。また、飢饉で民が生き延びることに苦しむなか、八代将軍の足利義政（一四三六〜九〇）は室町御所の造営を重ねており、後花園天皇は漢詩を用いて義政を諷諫（遠回しに諫める）したという逸話もあり、仁政をめざしていたのではないかと考えられている（田村航〔久水・石原〕：二〇二〇）。

寛正五年（一四六四）七月、後花園天皇は第一皇子の成仁（後土御門天皇。一四四二〜一五〇〇）に譲位し、自らは上皇として院政を開始した。まもなく「応仁・文明の乱」（一四六七〜七七年）が起こり、後花園上皇は中立の立場から停戦を働きかけていたが、西軍が後南朝の子孫を擁立すると、上皇は東軍の立場を明確にした。戦乱が継続するなか、文明二年（一四七〇）十二月二十七日、上皇は五十二歳で死去した。

おわりに――北朝の実像や天皇家の正統問題に切り込む

「応仁・文明の乱」後には、後南朝勢力の蜂起はなされず、かつての北朝内の「崇光流」「後光厳流」の皇統対立もほぼ収束したとみられる。後花園上皇は、多くの人物に支えられながら生涯を通じて南北朝および北朝皇統内の対立を解消させた人物であったといえよう。

さて、本書の第Ⅰ部第一章以降の全十二章で、北朝系八代の天皇の事績をもとに、南北朝の分裂からその合一後も、なお皇統の対立が続いていた「北朝天皇の時代」を扱っていく。この時代にあらためて注目し、最新の研究成果とともに、さまざまな視角・論点を提供していきたい。多くの方々がこの時代とともに日本史の理解を深め、北朝の実像や天皇家の正統性の問題に関心を寄せていただければ幸いである。

（水野智之）

【主要参考文献】

飯倉晴武『地獄を二度も見た天皇　光厳院』（吉川弘文館、二〇〇二）

家永遵嗣「光厳上皇の皇位継承戦略と室町幕府」（桃崎有一郎・山田邦和編著『室町政権の首府構想と京都―室町・北山・東山』所収、文理閣、二〇一六）

石原比伊呂『室町時代の将軍家と天皇家』（勉誠出版、二〇一五）

同「光明天皇に関する基礎的考察」（『聖心女子大学論叢』一三四、二〇一九）

伊藤喜良『足利義持』（人物叢書・新装版、吉川弘文館、二〇〇八）

桜井英治『室町人の精神』（講談社学術文庫、二〇〇九。初出二〇〇一）

白根陽子『女院領の中世的展開』（同成社、二〇一八）

髙鳥廉「室町期の臨時祈禱と公武関係」（同『足利将軍家の政治秩序と寺院』所収、吉川弘文館、二〇二二。初出二〇一八）

久水俊和・石原比伊呂編『室町・戦国天皇列伝―後醍醐天皇から後陽成天皇まで』（戎光祥出版、二〇二〇）

村井章介「称光天皇」（『国史大辞典 第七巻』所収、吉川弘文館、一九八六）

横井清『室町時代の一皇族の生涯―『看聞日記』の世界』（講談社学術文庫、二〇〇二。初出一九七九）

第Ⅰ部

北朝天皇の系譜をたどる

〈第一章〉
【両統迭立の契機】

南北朝分裂の淵源はどこにあるのか?

中井裕子

はじめに――皇統分裂のキーパーソン

鎌倉時代の後期（十三世紀後半）に皇統が分かれ（両統迭立）、それが南朝・北朝につながることはよく知られている。皇統分裂の起点となったのは後深草天皇（一二四三～一三〇四）・亀山天皇（一二四九～一三〇五）兄弟のときで、両天皇の父である後嵯峨天皇（一二二〇～七二）が皇統分裂のキーパーソンである。

そこで、本稿では後嵯峨天皇を取り巻く政治状況を確認しながら、両統迭立にいたった背景について考えていきたい。

鎌倉時代の天皇家系図

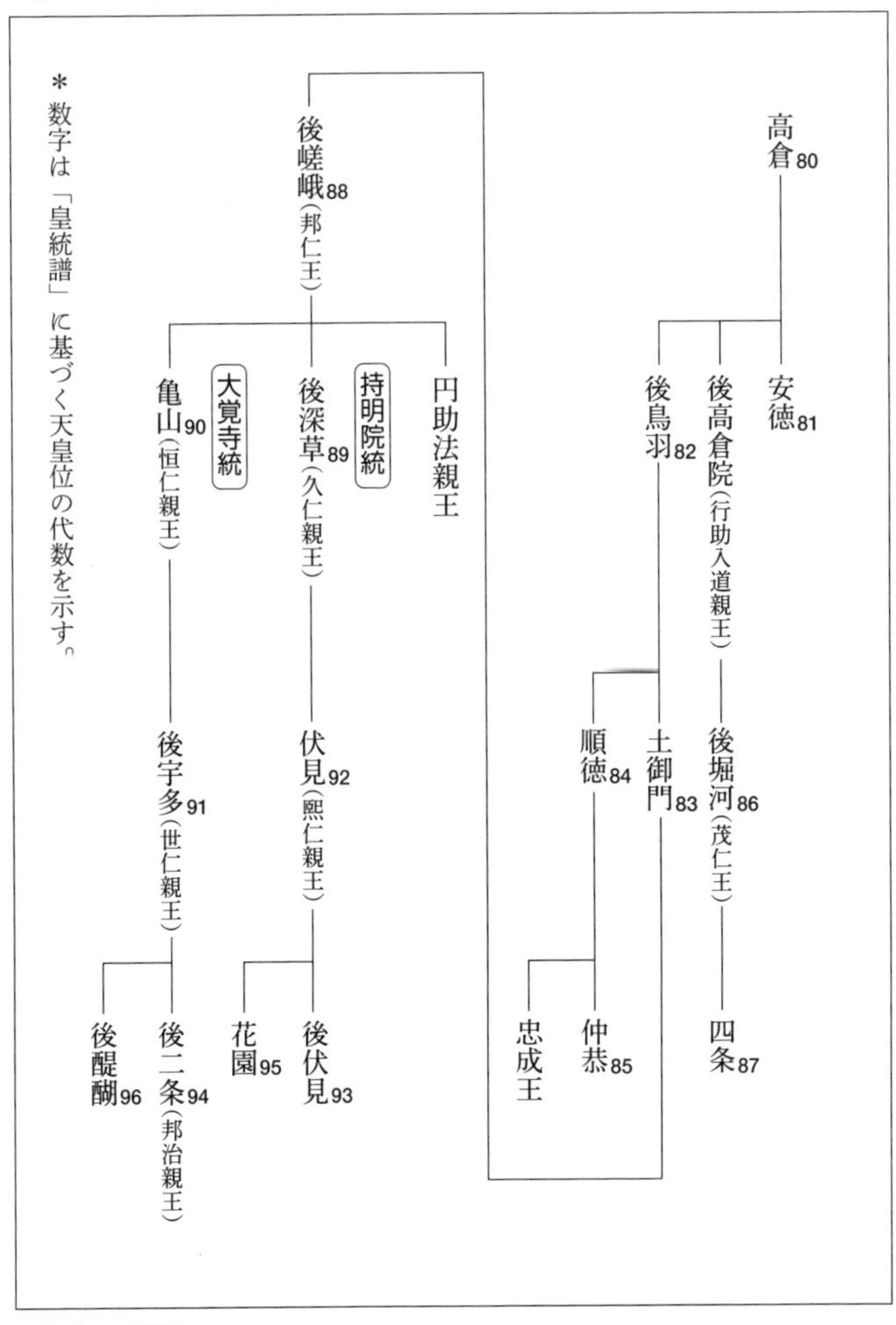

＊作成・中井裕子

一　後嵯峨天皇の践祚と朝廷・鎌倉幕府の駆け引き

承久の乱後の朝廷の立て直し

朝廷と鎌倉幕府の力関係が大きく変わったのは、承久三年（一二二一）に起こった承久の乱後からである。院政を行っていた後鳥羽上皇（一一八〇〜一二三九）が鎌倉幕府を討とうとして挙兵したが、京都に進軍してきた幕府方の軍勢に大敗した。その結果、後鳥羽は隠岐（島根県隠岐郡）に、積極的に加担した順徳上皇（一一九七〜一二四二）は佐渡（新潟県佐渡市）に配流となり、順徳の子である仲恭天皇（一二一八〜三四）は廃された。後鳥羽の第一皇子・土御門上皇（一一九五〜一二三一）については乱にかかわりなしとして罪に問われなかったが、土御門自身が一人京都にとどまるのは申し訳ないと、自主的に土佐（高知県）に移った。

勝者となった幕府は、後鳥羽院政に変わる朝廷の政治体制を整えることにした。後鳥羽の異母兄の行助入道親王（後高倉院。一一七九〜一二二三）に政務を執るよう要請し、その子息である茂仁王（後堀河天皇。一二一二〜三四）を践祚させ、行助には後高倉院の院号を奉った。天皇を経験していない入道親王が政務を執るのは異例のことである。

なぜこのような方策を採ったのかというと、平安時代後期（十一世紀末）から朝廷の政治形態は院政が一般的であったためで、院政を行う上皇は「治天」と称された。そこで、後高倉院を「治天」に据えることで院政の形を整えたのである。これにより、「後高倉―後堀河」という流れが生まれ、これまでの「後鳥羽―順徳―仲恭」とは別系統で皇位が継承される状況を作り出した。

　これこそが幕府のねらいで、承久の乱にかかわった後鳥羽・順徳皇統を皇位継承から外すことが目的であった。そして、幕府は承久の乱後に没収した後鳥羽所有の天皇家領荘園を後高倉院に付し、後高倉皇統の安定化に努めた。

後高倉皇統の断絶と皇位継承のゆくえ

　皇位は後堀河からその皇子の四条天皇（一二三二～四二）に引き継がれ、後高倉皇統で継承されていくかにみえた。ところが仁治三年（一二四二）正月九日、四条天皇がわずか十二歳で亡くなり、後高倉の皇統が途絶えた。その後、皇位を継承することになったのが、土御門の皇子邦仁王（のちの後嵯峨天皇）である。

　それでは、皇位が後嵯峨に決定するまでの経緯を、当時、正二位民部卿の貴族であった平経高（一一八〇～一二五五）の日記『平戸記』と一三〇〇年頃に成立した歴史物語『五代帝王物語』によってみてみよう。

　じつは、四条の後継として天皇候補に挙げられた人物は二人いた。朝廷内で有力視されていたのは順徳の皇子忠成王（一二二二～八一）である。四条天皇の外戚として朝廷を牛耳っていた九条道家

(一一九三〜一二五二)が、忠成王を推挙していた。道家の姉東一条院(九条立子。一一九二〜一二四八)が順徳の正妃であったため、自身に近しい人物を天皇に据えることで権力の維持を図ろうとしたのである。そこで道家から、鎌倉幕府に忠成王の践祚を打診する書状を出した。朝廷では、幕府の返事が届きしだい、践祚の式を挙げようと忠成王の採寸をして天皇の装束を作らせていた。

もう一人の候補者が邦仁王である。母はすでに亡くなっており、邦仁の祖母承明門院(源在子。一一七一〜一二五七)の弟土御門通方(一一八九〜一二三九)の邸宅で養われていたが、その通方も亡くなり、祖母の承明門院が世話をしていた。邦仁は二十歳を過ぎていたが元服の話もなく、僧になる話が持ち込まれるほどであった(『増鏡』三神山)。このように邦仁は、帝位とはかけ離れた存在であった。しかし、通方の兄弟である土御門定通(一一八八〜一二四七)が、鎌倉幕府の三代執権北条泰時(一一八三〜一二四二)の妹竹殿を妻としていたため、定通が幕府に邦仁王を推挙する私信を送ったのである。

順徳皇統の復活を阻止したい幕府

忠成王践祚の準備をする朝廷とはうらはらに、幕府にとっては忠成王を天皇にするのは受け入れがたいことであった。順徳の皇子が天皇になると、佐渡で存命中である順徳が京都に戻り院政を行う恐れがあったためである(龍:一九五七、近藤:二〇一六)。

順徳の皇統復活を阻止したい北条泰時は、思い悩んだ末、邦仁王を天皇にするよう伝達する使者として御家人の安達義景（一二一〇〜五三）を遣わした。忠成王のもとには、幕府の使者が来ると聞きつけた人びとが大勢詰めかけ、邦仁王がいた土御門御所には、土御門定通が詰めるのみであった。義景は荒れ放題だった土御門御所に入り、邦仁王が王座に就くよう申し入れた（『五代帝王物語』）。『平戸記』によると、仁治三年（一二四二）正月十九日に義景は邦仁王の御所と九条道家邸を訪れて幕府の意向を伝え、翌二十日に邦仁王が践祚した。朝廷は、天皇が空位の状態を一日も早く解消することを優先し、幕府の推挙どおりに邦仁を践祚させたのである。

結果的に、幕府の介入で皇位が決定したが、それを当然視する雰囲気は朝廷にはなかった。平経高は、先例である群臣の会議で決めず、よそ者の野蛮人の身で帝位を取り計らったのは悲しむべきことだと悲憤している（『平戸記』同年正月十九日条）。

このときの幕府による介入について、皇位選定の最終決定権が幕府にあったとする見方もあるが（野口・長村・坂口：二〇二二）、幕府が皇位選定権を完全には掌握していなかったため、その介入に批判的な意見をもつ貴族たちがいたと考えられる（上横手：一九七五、佐伯：二〇一九）。

二　後嵯峨院政と幕府の協調関係の構築

「宮騒動」の勃発と九条道家の排除

寛元四年（一二四六）正月二十九日、後嵯峨天皇は中宮（皇后）の西園寺姞子（大宮院。一二二五〜九二）が産んだ久仁親王（後深草天皇）に譲位し、院政を開始した。

この頃朝廷で力をもっていたのは、後嵯峨践祚の立役者である土御門定通と、後嵯峨の即位以前から権力を握っていた九条道家である。道家とは血縁のない後嵯峨が天皇となったことで、一時期道家の権力に陰りがみられたが、道家の子息藤原頼経（一二一八〜五六）が鎌倉幕府の四代将軍であったことから、朝廷と幕府の連絡役である関東申次を権力基盤として勢いを盛り返したのである。

頼経が将軍となり鎌倉に下向したのは二歳のときであったが、成長するにしたがい頼経の周りには反執権派の勢力が集まり、頼経は幕府内での発言力を強めた。将軍職は寛元二年に子息頼嗣（一二三九〜五六）に譲っていたが、その後も大殿（将軍の父）として権力を保っていた。「道家—頼経」の権力強大化は、後嵯峨にとっても幕府執権の北条氏にとっても、ゆゆしき事態であった。

寛元四年五月、頼経の側近で北条一門の名越光時が、前執権（四代）北条経時（一二二四〜四六）の死去に乗じて反乱を企て、それを察知した新執権（五代）北条時頼（一二二七〜六三）は、頼経の自邸を封鎖し側近を処罰した。後日、頼経は京都に送還された。この事件は「宮騒動」とよばれる。

このとき、九条道家は後嵯峨・後深草父子を廃し、忠成王の擁立を企んだと疑われ、弁明に努めている（曽我部：二〇二一）。

同年八月に時頼が後嵯峨に奏状を出し、「宮騒動」の顛末を報告するとともに、朝廷が「徳政」を行うこと、正しい人事を行うこと、新たな関東申次を後日指名することを申し入れた（『葉黄記』同年四年八月二十七日条）。

この奏状のなかに「叙位除目（位階の授与と官職の任命）が後嵯峨の叡慮に任されざることがあるか」とあるが、それは道家が後嵯峨の意向を妨げていたことを示している（三浦：一九〇七、美川：一九八四）。そして十月に時頼が重ねての「徳政」の申し入れをし、関東申次に西園寺実氏（一一九四～一二六九）を指名した。これにより道家は関東申次を解任され、権力基盤を失ったのである。

院評定制度の導入と後嵯峨院政の強化

それでは、時頼が何度も申し入れをした「徳政」とはどのようなものなのだろうか。

「徳政」とは、徳のある政治を行うことである。鎌倉時代、悪い政治により人の愁いを生み出すと、天災や政治撹乱が起こると考えられた（西谷：二〇〇六）。そのため、北条氏や九条道家など、この時代の為政者は、「徳政」を掲げて政治を行っていたのである。当時、「徳政」の重要な政策課題と考えられていたのが、任官・叙位・訴訟、つまり人事と紛争の解決である（市沢：一九八五）。

時頼の「徳政」要求を受けた朝廷は、公卿のなかから評定衆を選び、後嵯峨の御前で評定衆の合議により重要事項を決定する制度を導入した。これを「院評定」という。「院評定」は公卿による合議制の支援を得ることで、院の権威を強化するのが目的であった（美川：一九九一）。幕府は、九条道家のような特定の貴族による専横を防ぐため、後嵯峨院政を強化する必要があると考えたのである。

幕府の後押しと「人事の改正」

後嵯峨院政の「徳政」への取り組みは、弘長三年（一二六三）に制定された公家新制でもみることができる。公家新制は天皇・院の勅旨に基づいて出された法令で、平安時代からたびたび制定されており、伝統的な規範の遵守を求める条文が多かった。しかし弘長三年のものは、新しく加えられた条文が多く、公正な人事と訴訟制度の充実に取り組む、後嵯峨院政の政治方針が表明されたものと高い評価を受けている（佐々木：一九八〇）。

弘長三年の公家新制では任官・叙位にかかわる条文が七カ条制定された。そのうちのひとつである諸院宮の御給制限についてみておこう。上皇・女院らは公家の官位を推薦する権利があったが、この条文が出されて以降、天皇母や「治天」・天皇の妻后以外の女院については、従五位下より上の位を推挙できなくなった。これにより後高倉院の皇統に属する皇女など、後嵯峨との血縁が薄い女院の推挙権が制限され、「治天」の後嵯峨に人事権が集約された（中井：二〇一九）。

鎌倉幕府の「徳政」申請にのっとった政策を実施することで、「治天」である後嵯峨の権力が上昇したのである。後嵯峨院政が安定して運営できたのは、幕府の後押しがあったためといえるだろう。

この後も後嵯峨は、評定衆など主要な人事を幕府に連絡を取りながら決めるなど、幕府と協調して政治を進めていった。

三　皇位継承に対する後嵯峨の意向

鍾愛する恒仁親王への譲位

正嘉二年（一二五八）八月七日、後嵯峨の希望により、後深草天皇の同母弟である恒仁親王が次期天皇に定められた。次いで翌正元元年（一二五九）十一月二十六日に後深草が恒仁に譲位し、亀山天皇となった。

後深草は幼少の頃病弱であったが、病状は成長するにつれて改善したようである（『増鏡』内野の雪）。そのため三浦周行（一八七一〜一九三一）は、後深草は健康とはいえないが在位に耐えられないほどではなく、この譲位は後嵯峨が鍾愛する亀山に皇位を移すためだろうと推測している（三浦：一九〇七）。また、佐伯智広は四歳で即位して以後、父と離れて暮らした後深草よりも、十一歳まで両親と同居していた亀山のほうがかわいく思ったためと、その理由を分析している（佐伯：二〇一九）。

その亀山と皇后の洞院佶子（一二四五〜七二）の間に、文永四年（一二六七）十二月一日、世仁親王（のちの後宇多天皇。一二六七〜一三二四）が誕生した。後嵯峨は誕生の報を聞くと、急いで御幸する（『増鏡』北野の雪）など、うれしさを露わにしている。

将来の「治天の君」として嘱望された亀山天皇

後嵯峨は政治向きのことも亀山に期待していた。文永五年（一二六八）六月十四日、後嵯峨の御前で開催された「院評定」に亀山天皇を臨席させた（『吉続記』）。「院評定」に天皇が出御したことはこれまでになく、将来、「治天」になったときのために、実地で学ばせようとした後嵯峨の意図がみえるのである。

そして、同月二十五日に世仁の親王宣下が行われ、後嵯峨は幕府に賛同を求めたうえで八月二十五日に世仁を皇太子に立てた。じつは、後深草には世仁よりも年上の皇子熙仁（のちの伏見天皇。一二六五〜一三一七）がいたが、それを差し置いて世仁を皇太子にしたのである。

龍粛（一八九〇〜一九六四）は「後嵯峨上皇が治天の継嗣を亀山天皇およびその御子孫に期せられたことは明白」（龍：一九五七）と述べているが、まさにそのとおりだろう。少なくとも後嵯峨の周辺の人びとは、後嵯峨が亀山を将来の「治天」として嘱望していたことを感じ取っていたはずである。

後嵯峨の遺書と皇統についての素意

死期を悟った後嵯峨は、文永九年（一二七二）二月七日に臨終の場所と定めた亀山殿内の如来寿量院に移り、十七日に没した。四十九日が過ぎてから後深草・亀山の母である大宮院のもとで、円満院円助法親王（後嵯峨の子息。一二三六～八二）とともに後嵯峨の遺書が開封された（『五代帝王物語』）。

この遺書は、文永九年正月十五日付の「後嵯峨上皇処分状案」（『鎌倉遺文』十四巻、一〇九五三号文書）である。亀山天皇には後嵯峨が本所御所として使用していた冷泉万里小路殿と讃岐（香川県）・美濃（岐阜県南部、愛知県の一部）国衙領が、後深草には播磨国（兵庫県南西部）と肥前神崎庄（佐賀県神埼市）が譲与された。近藤成一は、後嵯峨の御所が亀山に譲られていることから、後嵯峨の皇統を嗣ぐのは大覚寺統であり、持明院統は後深草にはじまる新しい皇統であったと述べている（近藤：一九九二）。

その一方で、処分状に六勝寺とその寺領・鳥羽殿は「治天」が管領するように書かれているが、「治天」を誰にするのかは記されていない。『五代帝王物語』には、「後嵯峨が北条泰時の計らいで践祚した先例に任せ、「治天」については幕府が亀山・後深草のどちらでも選ぶようにと、後嵯峨宸筆の勅書を遣わされた」とある。

その後、幕府からの返事がなかなか来ず、亀山も後深草もやきもきしているうちに、後嵯峨の百カ日が過ぎた。というところで『五代帝王物語』は終わっている。

後嵯峨の死去から、百日過ぎても次の「治天」が決まらないのは異常事態である。史料上、亀山の「治天」としての活動が確認できるのは、文永九年六月二十五日の鬼間（清涼殿の一室）で国政を議する議定（『民経記』）である（野口・長村・坂口：二〇二二）。百日以上「治天」が決まらなかったのは事実だろう。その間、「院評定」などの朝廷政治が停止していたということになる。「徳政」を推進していた時代であるのに、なぜ幕府はそれほど長く返事をせずに放置したのだろうか。

「二月騒動」で対応が遅れた幕府

後嵯峨が亡くなった文永九年（一二七二）二月、幕府では「二月騒動」とよばれる事件が起きていた。

後嵯峨が崩御する直前である二月十一日、鎌倉で名越時章（一二一五〜七二）・教時（一二三五〜七二）兄弟（光時の弟）が、謀反を理由に得宗（八代執権）北条時宗（一二五一〜八四）の家来である御内人に誅殺された。十五日には、京都の六波羅探題南方の北条時輔（時宗の兄。一二四八〜七二）も時宗の命で六波羅北方の赤橋義宗（一二五三〜七七）に誅殺された。ところが後日、名越時章らの謀反は事実無根であったとされ、討手の御内人が九月二日に斬首となった。これは時宗の威信にかかわる事件で、幕府はその対処に追われ、「治天」をどうするかの判断まで手が回らなかったのである。

その後の幕府の対応について記しているのは『神皇正統記』で、それによると、後嵯峨没後に兄弟間（後深草・亀山）に争いがあったため、幕府より母の大宮院に尋ねたところ「後嵯峨の素意は亀山にあった」との回答があり、「治天」は亀山に定まった、とある。『神皇正統記』は南朝側（大覚寺統）に有利なように事実を歪曲することもあるが、後嵯峨の素意がのちの争点になっていることから、この記事は信憑性がある。大宮院は、先に述べたような亀山とその皇子を重視する後嵯峨の姿をみてきたため、後嵯峨の意向は亀山にあったと返答したのだろう。

幕府を尊重する姿勢と両統迭立への道

この一連の経緯で最大の謎は、後嵯峨は「亀山―後宇多」と亀山の皇統で皇位を継承させる準備を整えていたにもかかわらず、なぜ「治天」の決定を幕府に任せたのかということである。後嵯峨が譲位したときや、天皇を後深草から亀山に変えたときには、事前に幕府に同意を求めつつも、後嵯峨の意志を貫いている。「治天」の決定についても後嵯峨の希望を示せば、幕府は賛同しただろう。

後嵯峨は幕府に深く感謝し信頼していた。逼塞していた後嵯峨を表舞台に引き出したのも幕府であり、院政のときも幕府の支援があったからこそ、後嵯峨の政治力を高めることができた。その経験から、後継の「治天」も幕府からの支援を得やすい環境を整えようと、後嵯峨は「治天」の決定を幕府に委ねたのではないだろうか。幕府が選んだ「治天」ならば、幕府はその「治天」の治世が揺るがないよう心を砕いてくれるだろう。それが後嵯峨の狙いであった。

ただし、この後嵯峨の幕府を尊重する姿勢により、幕府の決定が絶対的なものになっていき、それが両統迭立へとつながるのである。

四　後嵯峨の本心をめぐる両統の争い

幕府の介入と後深草流の成立

文永十一年（一二七四）正月二十六日、亀山は子息の世仁（後宇多天皇）に譲位した。翌建治元年（一二七五）四月、後深草が出家を思い立ち、それを聞いた北条時宗が調停に入った。

時宗は亀山上皇に、後嵯峨の遺勅（遺言）には深い訳があるだろうが、後深草には過失がないのに皇位継承の流れから外れるのはよくないと奏上した（『増鏡』草枕）。亀山にとっては面白からざる提案であったが、後嵯峨が幕府の意向を尊重してきた手前、それを無視することはできなかった。その結果、十一月に後深草の皇子熙仁（伏見天皇）が皇太子となり、後深草の皇統から天皇が出ることが約束された。

後嵯峨没後、亀山の皇統で継承することが既定路線になっていたが、時宗の介入により、後深草の流れに変わったのである。これが両統迭立の契機となる。

時宗がこの提案をした理由のひとつに、切迫するモンゴル情勢があった。文永十一年十月の蒙古襲来（文永の役）後、国内の防備を強化している時期で、元の再襲来に一致団結してあたるため、朝廷内の争いを解決しようとしたのである（龍：一九五七、近藤：二〇一六）。

その幕府を動かした直接の要因は、関東申次の西園寺実兼（一二四九～一三二二）である。実兼の妹嬉子（一二五二～一三一八）は亀山の中宮であったが、亀山からの寵愛が薄かったため、それを恨んだ実兼が後深草に接近し、後深草の皇統による皇位継承を幕府に働きかけた（龍：一九五七、新田：一九七五）。

そのため、後深草の出家は現状を悲観したためではなく、後深草側を有利に持ち込む戦略であった可能性が高い。後宇多の践祚後、皇太子がまだ定まっていなかったことからも、後深草が絶望して出家しようとしたという見方はあたらないだろう。後深草と実兼の連携で、幕府を動かすことに成功したのである。

幕府により両統迭立が基本方針となる

その後、亀山上皇が異心を抱いているという噂が流れるなどして、皇位継承争いは持明院統側（後深草流）が有利な展開となった。亀山は自身の潔白を訴えるとともに、後嵯峨の素意を根拠に亀山の子孫による皇位継承こそが、後嵯峨の意向にかなうものだと主張した。

一方、持明院統の伏見天皇は、次のように反論する。後嵯峨の意向は「治天」の決定を幕府に仰せ合わせるとあっただけで、後嵯峨の素意が亀山にあったというのは、遺書の開示に立ち会った円満院円助法親王の虚構である。また、奏事目録など政治向きの文書を後深草が譲り受けたことから、後嵯峨の素意は後深草にこそあったと主張している（伏見天皇宸筆御事書、『宸翰英華』第一冊、六九号文書）。永仁六年（一二九八）に大覚寺統の邦治親王（のちの後二条天皇。一二八五〜一三〇八）が皇太子に立ってからは、幕府が両統を断絶させないことを明確に打ち出したことから、両統迭立が基本方針となった（佐伯：二〇一九）。

おわりに——「後嵯峨思想」を継承した持明院統の理想の政治

両統迭立の体制が定着してきてからは、「非治天の統」は自統から天皇・皇太子を立てようと、「治天の統」からは治世の少しでも長い継続を認めさせようと、躍起になって幕府に使者を送った。しかし、この争いはマイナス面ばかりをもたらしたわけではない。

後嵯峨は「徳政」政策を進めたが、どちらの統がそれを継承するような善政ができるかを競争していた（笠松：一九八二）。徳のない君主は交代すべきという思想のもと、治世を長く継続させるために、「徳政」に取り組んだのである。これによって「徳政」の主軸であった訴訟制度は、「治天」の代ごとに改革が試みられた（訴訟制度については、本書の第二章を参照）。

とくに持明院統では、幕府が重要な事案を取り計らうのは神仏の思し召し（おぼしめし）で、幕府との協調があるべき姿と考えるようになった。そのため、幕府の意見を積極的に受け入れる傾向があった。対外的にも国内的にも大きな危機が迫るなか、天皇家は幕府を頼み、幕府は皇統を補佐することで静謐（せいひつ）に治まると考えていたのである（伊藤：一九九三）。後嵯峨路線の継承である幕府と歩調を合わせた政権運営こそ、持明院統（のちの北朝）がめざした理想の政治だったのである。

【主要参考文献】

井上宗雄訳注『増鏡』上・中（講談社学術文庫、一九七九・一九八三）
市沢哲「中世公家徳政の成立と展開」（同『日本中世公家政治史の研究』所収、校倉書房、二〇一一。初出一九八五）
伊藤喜良「両統と正当化論」（永原慶二編『中世の発見』所収、吉川弘文館、一九九三）
上横手雅敬「鎌倉幕府と公家政権」（同『鎌倉時代政治史研究』所収、吉川弘文館、一九九一。初出一九七五）
笠松宏至「鎌倉後期の公家法について」（同『中世政治社会思想　下』所収、岩波書店、一九八一）
近藤成一『鎌倉幕府と朝廷』（岩波新書、二〇一六）
同「内裏と院御所」（同『鎌倉時代政治構造の研究』所収、校倉書房、二〇一六。初出一九九二）

佐伯智広『皇位継承の中世史―血統をめぐる政治と内乱』(吉川弘文館、二〇一九)
佐々木文昭「鎌倉時代の公家新制」(同『中世公武新制の研究』所収、吉川弘文館、二〇〇八。初出一九八〇)
曽我部愛「「宮家」成立の諸前提―「六条宮」の事例から」(同『中世王家の政治と構造』所収、同成社、二〇二一)
中井裕子「鎌倉後期の叙位・除目と公家政権」(『ヒストリア』二七七号、二〇一九)
西谷正浩「鎌倉時代における貴族社会の変容」(同『日本中世の所有構造』所収、塙書房、二〇〇六)
新田英治「鎌倉後期の政治過程」(『岩波講座日本歴史六 中世二』所収、岩波書店、一九七五)
野口実・長村祥知・坂口太郎『公武政権の競合と協調』(京都の中世史3、吉川弘文館、二〇二二)
三浦周行『鎌倉時代史』(『日本史の研究』新輯一、岩波書店、一九八二。初出一九〇七)
美川圭「関東申次と院伝奏の成立と展開」(同『院政の研究』所収、臨川書店、一九九六。初出一九八四)
同「院政をめぐる公卿議定制の展開―在宅諮問・議奏公卿・院評定制」(同『院政の研究』所収、臨川書店、一九九六。初出一九九一)
龍粛著・本郷和人編『鎌倉時代』(文春学藝ライブラリー、二〇一四。初出は春秋社、一九五七)

【さらに詳しく学びたい読者のために】

①井上宗雄訳『増鏡』上・中・下(講談社学術文庫、一九七九・八三)

②龍肅著・本郷和人編『鎌倉時代』（文春学藝ライブラリー、二〇一四。初出は春秋社、一九五七）
③今谷明「両統の迭立」（『創造の世界』一〇五号、一九九八）
④白根陽子『女院領の中世的展開』（同成社、二〇一八）

①『増鏡』の作者は、鎌倉末期から南北朝時代（十三世紀後半〜十四世紀）に活躍した公卿といわれており、皇位継承をめぐる宮廷社会の人間関係を克明に描き出す。この本には全文に現代語訳が付けられ、語句の注釈も充実している。文庫として出版されており、入手しやすい。
②は、一九五七年に出された春秋社版を抄録したもの。鎌倉時代の朝廷・幕府の関係を歴史史料に基づいて論じており、鎌倉時代の政治史を理解するのに最適な本である。
③は、後嵯峨法皇の死没以降、両統迭立にかかわる主要史料を紹介している。
④は、今回ふれることができなかった天皇家の荘園と仏事に関する論集である。順徳や後高倉の子孫などに継承されていた天皇家領と追善仏事を、後嵯峨皇統が集積していった経緯を論証している。

〈第二章〉

【北朝系天皇の登場――光厳・光明】

北朝の訴訟制度を支えた「暦応雑訴法」

森　茂暁

はじめに――制度史研究の今昔

戦後の問題意識と理論実践を重視する唯物史観隆盛の時代においては、地味な研究分野である制度史にはほとんど研究の目が向かなかった。一九五〇年代から七〇年代まで続くこうした風潮をよく表しているのが、今日の中世史研究隆盛の基礎をつくった佐藤進一（一九一六〜二〇一七）・網野善彦（一九二八〜二〇〇四）・笠松宏至（ひろし）による鼎談（ていだん）記録の一節である（佐藤・網野・笠松：一九九四。所収の鼎談自体は一九九二）。

そのなかで、網野は、「『制度史は悪』とまで言われていた時期があったと思います。『それは制度史だ』と言われると、それだけで研究の意味がなくなると思うような風潮、『制度史だからだめなんだよ』という言い方」があったと。また佐藤は「ぼくらは、『ああ制度史か』と、一言のもとに切り捨てられた」と発言。さらに網野は今日と比較して、「その点、武家や公家の制度史がこれほどさかんになるとは、まさしく隔世の感がありますね」と締め括る。

かくして令和二年（二〇二〇）三月の元木泰雄の京都大学定年退職を記念して、関係者の論稿を集めた『日本中世の政治と制度』（吉川弘文館・二〇二〇）の序文で、同書を贈られた元木は「政治史の基礎には客観的な制度史」があり、「制度史をおろそかにし、個人の主観・思惑で政治情勢を説明しても、所詮思い付きの域を出るものではなく、政治史と言えるものではない」と喝破した。

この指摘は至言というべきで、まさにそのとおりだと筆者も思う。ある社会のもつ特徴を知るための有効な方法のひとつは、その社会を支えた制度を明らかにすることにある。為政者は社会に合った制度をつくり、その制度は社会を支える。そのような視点から、本稿は北朝が取りまとめた訴訟法、そのなかでもとくに重要な「暦応雑訴法」の性格と役割とを取りあげる。

一　北朝の政治手法の性格——南朝との比較

鎌倉時代の〝両統〟に政治手法の相違はあったのか？

周知のように十三世紀後半の鎌倉時代後期、後嵯峨上皇（一二二〇〜七二）が没してのち、天皇家は、皇位の継承をめぐって、ふたつの天皇家（持明院統・大覚寺統）は迭立（交互に天皇位に就くこと）から対立への経緯をたどる。その背後には、実質的な皇位決定権を有する鎌倉幕府への対応の対照的な違いがあった。

このふたつの皇統のうち大覚寺統（亀山天皇〔一二四九～一三〇五〕の系統で、のちの南朝）は、治天の君（天皇家の家長）による親裁体制を志向した。ことに後醍醐天皇（一二八八～一三三九）の時期にその立場上の問題から鎌倉幕府との間に深刻な対立を引き起こしつつ親裁体制を際立たせ、反対に持明院統（のちの北朝）の後伏見天皇（一二八八～一三三六）はそのあおりをうけつつ、かえって幕府に対する依存姿勢を鮮明にした。こうした両統のもつ正反対の政治的立場は、それぞれをふたつの異なる方向に向かわせた。五味文彦のいう「大覚寺統の王権至上主義」、およびそれに対する「持明院統の王権限定主義」である（五味：一九八九）。

五味は、このふたつの方向の特徴はそれぞれの訴訟制度によく表れているとする。大覚寺統の訴訟制度は弘安九年（一二八六）の亀山院政下の改革（院評定を徳政沙汰と雑訴沙汰に分離。『勘仲記』による）、嘉元元年（一三〇三）の後宇多院政の聴断制（訴えを直接に聞いて裁く制度）に特徴的で、この方向は後醍醐天皇親政下の記録所の開設につながり、「院・天皇が訴訟審議の場に臨席して直断する、親裁体制に基づく訴訟制度」たることが、その顕著な特徴だとみている。

他方、持明院統については、伏見天皇（一二六五～一三一七）が正応五年（一二九二）に新制を公布し、翌六年に訴訟制度を改革した。その後、「延慶法」（延慶二年〔一三〇九〕）、「文保法」（文保元年〔一三一七〕）を出し、伏見院政・後伏見院政下で訴訟制度の整備がなされた。それらに特徴的なのは、きわめて詳細な訴訟手続きとその厳格な運用であること、そして伏見の訴訟制度では、審議の場に天皇の臨席はなく、裁決の勅断はただちに下されるべきではないとされたことであるとした。

五味は右の論文において、持明院統の公布した法令としての「延慶法」と「文保法」の存在にふれているが、ふれていないものに「永仁法」（「延慶法」のなかにみえる）、それに「正和法」（正和三年〔一三一四〕十一月十三日に成立。史料纂集『師守記一』一二五頁参照）がある。「永仁法」から「文保法」までの、四種の法はすべて持明院統の治世下で発されており、雑訴法（後述）と持明院統との深い関係が看取される。

北朝・南朝、それぞれに継承される訴訟制度

五味が指摘する骨子は、大覚寺統と持明院統の訴訟制度はその根本理念がそれぞれ異なること、すなわち大覚寺統の「聖断至上主義」「王権至上主義」に対して、持明院統は「手続き主義」「王権限定主義」という特徴をもつということである。

この五味の指摘は、大覚寺統と持明院統の王権の特質を的確に言い当てたもので、このふたつの方向は、やがて南朝と北朝の訴訟制度の特徴につながっていく。「鎌倉後期の内憂外患の政治情勢にお

いて、皇統の分立という事態を迎え、両統はそれぞれ独自の主張のもとに、複雑な絡みあいを演じていくことになる」という五味の指摘のとおりである。こののち到来する十四世紀の南北朝時代において、北朝の訴訟制度を代表するのが本稿の注目する「暦応雑訴法」であるが、この法について具体的な検討は後段で行う。

なお大覚寺統の系譜を引く形で登場する後醍醐天皇の建武政権（一三三三〜三六年。それは「聖断至上主義」の極点）を継承した南朝に即して同様の検討を行いたいが、南朝側には残念ながらそのための史料は残っていない。しかし正平十二年（一三五七）九月十七日、後村上天皇評定目録（「久米田寺文書」、『岸和田市史六』五四〇頁）の存在は、南朝第二代の後村上天皇（一三二八〜六八）のもとに後宇多上皇（一二六七〜一三二四）以来の「聴断制」の伝統が継承されていたことを物語っている。

この事例から考えると、大覚寺統の系譜を引く南朝の政治手法の特質が、五味の指摘するように、「王権至上主義」であったであろうことは推測に難くない。

二　「暦応雑訴法」とは何か

持明院統朝廷（北朝）の訴訟制度改革の集大成

そうした北朝の訴訟法の整備という意味では、暦応三年（一三四〇）五月十四日に制定された「暦応雑訴法」（『師守記』同十五日条には「雑訴條々法」と表記）がひときわ注目される。

雑訴法とは公家側の訴訟用語で、所領関係の法規定のことをいうが、「暦応雑訴法」は、光厳上皇（一三一三〜六四）の院政下で制定され、文殿（北朝の訴訟機関）に下された民事訴訟手続法二十カ条および追加二カ条の総称である。名称は成立時の年号に因む。系譜的にみるとこの法は、持明院統—北朝においてなされた〝雑訴関係手続き法〟の整備の到達点に位置すると考えられる。本来ならば、本文中で「暦応雑訴法」の全文を掲載すべきところであるが、紙幅の関係でそれはできない。

まず、書誌的情報を簡単に記しておくと、「暦応雑訴法」の写本は、①仁和寺文書本（端裏に「雑訴法」の文字あり）と、②旧東洋文庫本（国立歴史民俗博物館に現蔵。端裏に「制法」の文字あり。次頁参照）の二本が知られている。書写時期については、①が貞和三年（一三四七）九月二十日という書写奥書をもつのに対して、②は、①と比べてはるかに遅れるうえに（書風からみて室町初期〜中期頃〔十四世紀末〜十五世紀末〕とされる）、①の末尾に追加された二カ条を脱落させている。さらに文字の誤脱もままあるが、反面①にない「暦応三年五月十四日被下文殿」という同筆表題をもつ点が強みである。ちなみに、第五条の「対決難澁事」は、翌暦応四年十一月十六日に一部「改直」（改定）された。

また②は、本文に続けて（イ）文殿沙汰日、（ロ）越訴庭中日、（ハ）雑訴評定日、（ニ）使庁（検非違使庁〔京都の治安・民政を所管〕）沙汰日、（ホ）諸保（京都市政上の単位と担当官人名）、（ヘ）文殿衆、以上六種の記事を載せており、それは②の独特な点で貴重である（佐藤：一九四三）。

この（イ）～（ヘ）の部分は、いわば「光厳院政の政務機構全体を輪切りにした」ようなもので（森：一九八四）、それらは雑訴法の内容自体との直接の関係はないが、暦応三年五月の時点での光厳院政の訴訟制度の中核部分を詳細に切り取っていて興味深い（佐藤：一九四三）。

なお、「暦応雑訴法」の活字本としては、『大日本史料』六編六、一四九～五二頁、および『中世政治社会思想　下』（「日本思想大系」22、岩波書店、一九八一。九七～一〇三頁）が①のみを、また佐藤進一・百瀬今朝雄・笠松宏至編『中世法制史料集六〈公家法・公家家法・寺社法〉』（岩波書店、二〇〇五。二四二～二四九頁）が、①および②のうちの（イ）～（ヘ）を収め、『皇室制度史料　太上天皇三』（吉川弘文館、一九八〇。二二九～三四頁）は②を全収している。

暦応三年五月十四日に出された「暦応雑訴法」は、

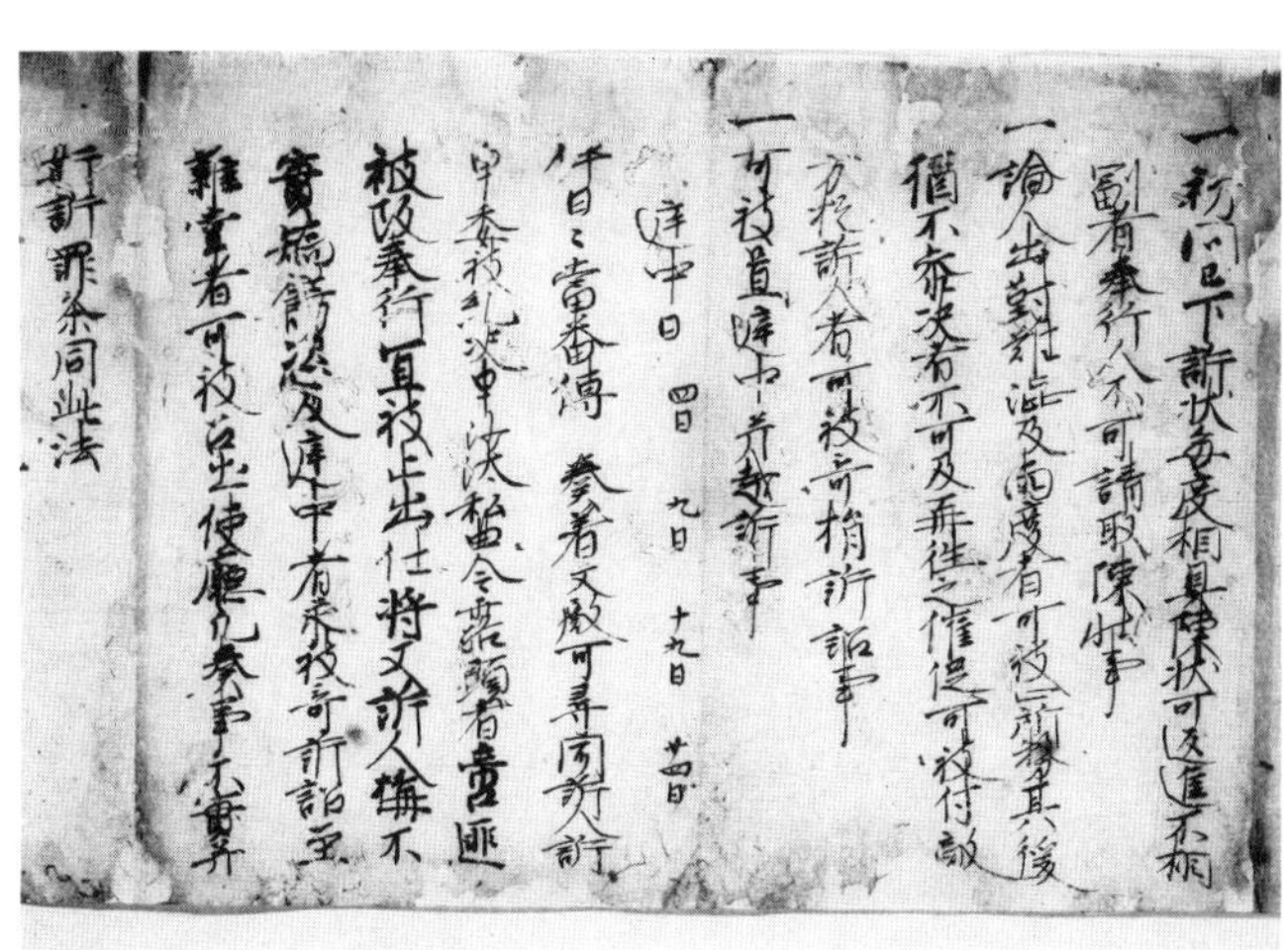

暦応3年（1340）5月14日の「暦応雑訴法」冒頭部分（国立歴史民俗博物館所蔵）

十三世紀後半の蒙古（もうこ）襲来以降の徳政思想の高まりのなかで、持明院統天皇家で行われた訴訟制度改革の集大成としての意味をもっている。その顕著な特徴は、すぐれて「手続き主義的」な点にあった。それが持明院統以来の改革路線の延長上にあったことは当然のことであった。

「暦応雑訴法」のなかの「訴陳日数」

「暦応雑訴法」の内容的な特質を明らかにするためには、各条に即してほかの時期に出された雑訴法との比較検討が必要である。その一例としてここでは、第二条にみる「訴陳日数（そちんにっすう）」の規定について、とくに大覚寺統の系譜を引く後醍醐天皇が建武新政下で発した法文との比較をしてみよう。

「訴陳日数」とは、訴訟において、訴人からの訴状（そじょう）を受理した朝廷の裁判所から、陳状（ちんじょう）（反論書）の提出を命ぜられた論人が、陳状を提出しなければならない期間の日数であるが、この日数はそれぞれの政権によって異同がある。

かつて筆者が検討したように（森：一九八四）、鎌倉時代後期以来、総じて「訴陳日数」は「廿ヶ日」であったものが、建武新政の時期には「十五ヶ日」に短縮されていて（「建武記」、『中世法制史料集六』二三〇頁）、これがふたたび暦応三年の北朝「暦応雑訴法」ではもとの「廿ヶ日」に戻っている（前掲拙著。七八頁）。これは、北朝が鎌倉時代末期の持明院統の系譜を引いた政権であることと関係していると思われる。換言すると、後醍醐天皇の建武新政の法のほうが、鎌倉時代以来の公家政権の伝統から外れていたということになる。

なぜ、「暦応雑訴法」は光厳上皇院政下で成立したのか

ここで注目すべきは、この「暦応雑訴法」が制定された暦応三年（一三四〇）という年である。まさにこの時期は、足利尊氏（あしかがたかうじ）（一三〇五〜五八）・直義（ただよし）（一三〇七〜五二）兄弟によるいわゆる「二頭政治」の真っ最中であった。

結論を先にいうと、筆者は北朝における訴訟制度の整備・充実が、この当時の武家社会を中心に実施され、成果を収めていた二頭政治と内的関連を有しているのではないかということである。ことに二頭政治において片方の裁判権を専掌（せんしょう）していた足利直義が、光厳上皇と昵懇（じっこん）の関係にあって北朝公家

政治を擁護していた事実（『太平記』巻二十三、「上皇〔光厳〕御願文事」）は、その蓋然性を高めているといわねばならない。むろん、創業期の幕府に強烈な存在感をもつ直義の強靭な政道意識が、北朝の政治制度の整備・充実に多大の影響を与え、その運営を活気づけた可能性も高い。

なお、「暦応雑訴法」はその高い完成度ゆえに、やがてひとつの固有名詞として呼び習わされた。その一例として、当時の北朝の法曹官僚であった大外記中原師守の日記『師守記』の貞治元年（一三六二）十二月十二日条（史料纂集『師守記六』一二八頁）に、「暦応雑訴法」という名称が独立して登場している。

ちなみに、光厳上皇院政下で「暦応雑訴法」が成立した暦応三年は、北朝の天皇は光明（光厳の同母弟。一三二一～八〇）であった（彼の即位によって北朝が成立したため、実質的には光明が北朝の初代天皇にあたる）。

この光明天皇については、その政治的な影の薄さゆえにこれまでほとんど研究者の目が向かなかったが、近年石原比伊呂が、「皇位についてさえノータッチだったように、光明天皇は政局には基本的には関与せず、学問や年中行事に専念した天皇だった」（石原：二〇一九・二〇二〇）と簡潔に評価した。本稿で述べる「暦応雑訴法」の成立に、光明天皇が直接かかわった可能性は低い。

三 「暦応雑訴法」のその後

制定後、それはどのように運用されたか

光厳院政下の法に基づく訴訟制度の運用は、わりと順調にいった模様で、当時の史料にときおりその円滑な運用ぶりをうかがわせる記事が登場する。

たとえば、貞和五年（一三四九）の史料に、「……当御代殊に制法分明（制法に明確な規定がある）の上は……」とあったり（「貞和五」十一月十五日、大炊御門季光書状。大日本古文書『大徳寺文書別集眞珠庵文書七』一七三頁）、また観応元年（一三五〇）八月の史料には「……当御代最初善政也……」（観応元年八月日、醍醐寺報恩院所司等訴状案。大日本古文書『醍醐寺文書二』四一〇頁）、などとある。このような光厳院政に対する賛辞は、その政道の活況の様子を如実に物語っている。

さらに、こののち約二十年が経った応安元年（一三六八）閏六月、北朝の後光厳天皇（一三三八〜七四）の法廷に、最勝光院領備中国新見荘（岡山県新見市）の安堵綸旨（天皇による安堵の措置）を求める訴訟を起こした官務小槻兼治は、その訴状のなかで自己の主張の支証（裏づけとなる証拠）として、「暦応雑訴法の如くんば」と前置きしたうえで、かの暦応三年五月制定の「暦応雑訴法」の第二条（訴陳状の提出期限についての規定）を、そっくりそのまま引いている（「応安元年」閏六月五日、小槻兼治申状、京都府立総合資料館編『東寺百合文書七』思文閣出版、二〇〇九。二四二頁）。

このほかに、応安三年、至徳元年（一三八四）にも「暦応雑訴法」の規定を持ち出した陳状・申状が存在することが知られている（佐藤進一・百瀬今朝雄・笠松宏至編『中世法制史料集六』岩波書店、二〇〇五。二四五〜六頁）。

これらの事柄は、「暦応雑訴法」の規定が長期間にわたって活きつづけ、北朝の訴訟制度を支えつづけたことの証左といわねばならない。

しだいに精彩を欠いていく北朝の公家政治

室町幕府の開創以来、二人三脚の関係にあった幕府と北朝の公家政治は、足利尊氏と弟直義が争った「観応の擾乱」（一三五〇〜五二年）にいたるまえの、光厳上皇の院政期がそのピークであった。光厳上皇の院政下では、いまだ幕府は制度設計の途上であったので、北朝との関係も緩やかで、そのぶん院政の運営ものびやかであったためである。そのような公武関係のなかで、「暦応雑訴法」は成立した。

しかし、観応の擾乱を克服した幕府の政治制度が整備され、武家が公家社会を併呑する方向に転ずると、北朝の公家政治はしだいにその精彩を欠いていく。

光厳上皇の治世（次代の光明天皇は政治と距離をとり、そのあとの崇光天皇〔一三三四〜九八〕は観応の擾乱のあおりをうけて廃位されていた）を受け継いだ後光厳天皇は、その親政時代の応安四年（一三七二）九月に「応安法」（佐藤進一・百瀬今朝雄・笠松宏至編『中世法制史料集六』二五〇頁）とよばれる雑訴法を制定したりして政道の興行に努めた。

その後の後円融天皇（一三五九〜九三）は、永和二年（一三七六）閏七月の彗星出現にともなう「徳政議定」の際、「雑訴事」については「暦応・応安法に任せて遵行さるべきか」と確認しているし（『愚管記五』、一八〇頁）、また翌八月には伝奏番文（政務を治天に取り次ぎ、勅裁を下達する伝奏の結番リスト）を作り、伝奏を通じた政道の活性化に努める（「実隆公記」文亀元年〔一五〇一〕九月二日条。『実隆公記　巻三下』続群書類従完成会、一九三三。七三五頁）など、それぞれに公家政治のために意を用いた。

おわりに――『日本史年表』での「暦応雑訴法」の扱い

日本史の研究にはむろんのこと、日常生活においても年表は必須である。現在通用している日本史の年表というとさまざまな種類のものがあるが、なかでももっとも定評があって広く使用されているのは歴史学研究会編『日本史年表』（岩波書店）であろう。同書は、二〇一七年（平成二十九）十月刊行の第五版がもっとも新しい（初版は一九六六年〔昭和四十一〕七月）。

そこで、「暦応雑訴法」についての同書各版の記載についてみてみよう。まず初版の一九六六年版には、「暦応雑訴法」関係の記載はない。それが登場するのは、一九八四年六月刊の第二版（書名は『新版　日本史年表』）が最初である。その一一二頁の「西暦一三四〇＝暦応三＝興国元」の欄に、「5月、北朝、暦応雑訴法を施行」との一文が明確に追補されている。

ここで筆者が個人的に奇遇の思いを禁じえないのは、『新版　日本史年表』に「暦応雑訴法」制定の記事が登場するのと、「歴博本」の「暦応雑訴法」を口絵写真に載せた拙著（森：一九八四）の刊行とが同時であったことである。

半世紀以上前の研究段階では、武家中心の軍記物『太平記』が北朝を軽視した点をとらえて「尊氏のロボットとしての北朝」などと評する向きもあったが（遠山・佐藤：一九五四）、大義名分のうえで、室町幕府を支えた北朝の訴訟制度などにも研究の目が向けられた今日にあっては、そういう言説はもはや見受けられない。北朝についての研究もそれなりに進展した結果であるが、まだ不明のところも多く、これからのいっそうの研究の進展が望まれる。

【主要参考文献】

石原比伊呂「光明天皇に関する基礎的考察」（『聖心女子大学論叢』一三四、二〇一九）
同「光明天皇―家長にならなかった「一代の主」」（久水俊和・石原比伊呂編『室町・戦国天皇列伝―後醍醐天皇から後陽成天皇まで』所収、戎光祥出版、二〇二〇）

同『北朝の天皇―「室町幕府に翻弄された皇統」の実像』(中公新書、二〇二〇)
五味文彦「王法と仏法―両様の接近」(『仏教』別冊2、法藏館、一九八九)
佐藤進一『鎌倉幕府訴訟制度の研究』(岩波書店、一九九三。初出は畝傍書房、一九四三)
佐藤進一・網野善彦・笠松宏至『日本中世史を見直す』平凡社ライブラリー、一九九九。初出は悠思社、一九九四)
遠山茂樹・佐藤進一編『日本史研究入門Ⅰ』(東京大学出版会、一九五四)
松薗斉『中世の王家と宮家―皇子たちの中世』(臨川書店、二〇二三)
森茂暁『増補改訂　南北朝期公武関係史の研究』(思文閣出版、二〇〇八。初出は文献出版、一九八四年六月十八日)
同「鎌倉後期における公家訴訟制度の展開」(同『鎌倉時代の朝幕関係』所収、思文閣出版、一九九一。オンデマンド版復刊二〇一六。初出は時野谷滋博士還暦記念『制度史論集』同刊行会、一九八六)
同『足利直義―兄尊氏との対立と理想国家構想』(KADOKAWA、二〇一五)
歴史学研究会編『日本史年表』(岩波書店、一九六六)
歴史学研究会編『新版　日本史年表』(岩波書店、一九八四年六月二十九日)

【さらに詳しく学びたい読者のために】

〔論著〕

①森茂暁『増補改訂　南北朝期公武関係史の研究』（思文閣出版、二〇〇八。初出一九八四）
②森茂暁『鎌倉時代の朝幕関係』思文閣出版、二〇一六。初出一九九一）

〔史料〕

③笠松宏至・佐藤進一・百瀬今朝雄校註『中世政治社会思想　下』（「日本思想大系」22、岩波書店、一九八一）
④佐藤進一・百瀬今朝雄・笠松宏至『中世法制史料集六〈公家法・公家家法・寺社法〉』（岩波書店、二〇〇五）

①は、北朝の政務運営全体のなかで、「暦応雑訴法」以下の北朝公家法の位置づけを行っている。

②は、「暦応雑訴法」の登場前史として、鎌倉時代後期以降の公家訴訟制度の展開の道筋を追う。

③は史料集だが、南北朝期に成立する「暦応雑訴法」の史料原文と読み下しとを併せて掲載し、詳しい注記や解題を付した理想的な解説書。ほかに中世の公家の思想、庶民の思想をうかがい知るための史料を収載。「建武新政の法」も有益。

④も史料集だが、中世の公家法の史料を網羅的に収集し、厳密に校訂を施して研究のための基礎史料として刊行したもの。他巻の「幕府法」や「武家家法」などと合わせて利用価値がきわめて高い。

〈第三章〉

【観応の擾乱と正平一統――崇光・後光厳】

政治的混乱が「国制の一元化」「皇統の一本化」になったわけ

家永遵嗣

はじめに――幕府の内部抗争と北朝の中絶・復活

天皇の即位式費用が「国制」の転換のきっかけとなった

建武政権（一三三三～三六年）の崩壊後も幕府のなかには、京極（佐々木）導誉（一三〇六～七三）らのように南朝との提携を望む者がいた。これを懸念した北朝・持明院統の家長光厳上皇（一三一三～六四）は、足利尊氏（一三〇五～五八）の子義詮（一三三〇～六七）の母方の従兄弟にあたる直仁親王（一三三五～九八）を即位させて、将軍家との結びつきを強めようとした（八六頁の系図参照）。

光厳は直仁の兄崇光天皇（一三三四～九八）の即位儀式を完了させて、崇光から直仁に譲位させようとしたが、崇光の即位式の費用をめぐって幕府内部に分裂を引き起こすきっかけとなってしまった。

貞和五年（一三四九）、朝廷は崇光天皇の即位式の費用を自力では調達できないとして、将軍家の私財を献上するように求めた。朝廷の儀式費用は国司を介して諸国に課すべきものだが、実際には徴収ができなくなっていたようだ。法制や朝廷交渉を担当していた尊氏の弟直義（一三〇六〜五二）と、将軍家の家政・財務を司っていた尊氏の執事高師直（?〜一三五一）とが対立して、抗争になった。

松永和浩・久水俊和は、これを契機として国司の税務を幕府・守護が肩代わりするようになるという（松永：二〇〇六、久水：二〇一一）。鎌倉時代の国制は、「朝廷―国司」の系統と「幕府―守護」の系統とが、それぞれ独立に諸国を支配する「二元的国制」だった（石井：一九七〇）。幕府が国司の税務を代行すると「朝廷―国司」系統が消滅し、「幕府―守護」体制が諸国を一元的に掌握して朝廷を支える「国制の一元化」となる。その「一元化」は、十四世紀後半の足利義満時代に安定した。

足利直義は、崇光天皇即位式にかかわる前述の紛議で、貞和五年八月に隠退させられた。そのため、直義は明くる観応元年（一三五〇）末に南朝に降って挙兵し、「観応の擾乱」（一三五〇〜五二年）となった。尊氏・義詮父子は、翌年二月に直義に敗れて、師直一族は殺されてしまう。尊氏・義詮は、同年七月に直義との戦いを再開して南朝に降り、十一月には「正平一統」となって北朝は中絶となる。

天皇家・将軍家の血縁関係と皇位継承の一本化

「正平一統」により、皇位は南朝の後醍醐天皇（一二八八〜一三三九）の子後村上天皇（一三二八〜六八）に一本化したが、南朝の真意は幕府討滅にあった。明くる正平七年（観応三。一三五二）閏二月、南朝は尊氏・義詮との和平を破棄して戦争を再開し、北朝の光厳・光明・崇光三上皇と直仁親王は吉野の賀名生（奈良県五條市）に連行されてしまった。

慌てた足利義詮は、光厳の子後光厳天皇（一三三八～七四）を立てて北朝が復活したが、後光厳には正統性が欠けていた。相続者を決める天皇家家長の光厳上皇が不在で、位を譲る前天皇の崇光上皇も不在だった。加えて、「三種の神器」も南朝に奪われていたからだ。南朝はもちろん、後光厳天皇の父の光厳上皇も後光厳の践祚（天皇位の継承）を認めなかった。北朝側においては、その後いったん、後光厳の後は崇光の皇子栄仁（一三五一～一四一六）が即位するはずだ、という流れになった。

しかし、後光厳天皇が足利義詮の室紀良子（義満の生母。一三三六～一四一三）の実妹にあたる広橋仲子（崇賢門院。一三三九～一四二七）を娶って、緒仁（後円融天皇。一三五八～九三）が生まれたことから、光厳上皇が緒仁への皇位継承を認めるようになった。紀良子の産んだ足利義満（一三五八～一四〇八）が、血縁関係となる従弟の後円融を扶けると見込んだからだ（九一頁の系図参照）。このあと、皇位継承は、義満の後援を得た後円融天皇・後小松天皇（一三七七～一四三三）父子の血筋に一本化していくことになる（本書の第四章を参照）。

一　国司の税務の消滅――「二元的国制」から「一元的国制」への転機

「観応の擾乱」前後における幕府法の変化

足利直義が幕府の法務を主導していた時代（十四世紀中頃）の幕府法は、守護の権限を「大犯三箇条」（謀叛人・殺害人・夜討強盗山賊海賊の検断（捜査・逮捕から判決まで））に制限した。守護を荘園・公領を侵略する者として警戒していたからだ。

暦応元年（一三三八）の室町幕府追加法二に、守護は「固く貞永式目を守り、大犯三ヶ条の他には関与するべからず」という意味の文言がある。暦応二年の追加法四は、守護が国司の官職を兼ねることを禁止している。貞和三年（一三四七）頃の追加法三七は、守護が「国司・領家年貢」の徴税を請け負う守護請を禁止している。「領家（荘園領主）が収税する荘園」と「国司が収税する公領（国衙領）」とを並列し、守護不入として保護するやり方は、のちの義詮の法制とは異なる。

「観応の擾乱」のあと、幕府法には「国司」の語彙が存在しなくなる。全体として、「寺社本所」（公家や寺社の所領）の収税を守護の使節遵行（現地手続き）によって保護する、という仕組みに変化した。つまり、守護は荘園・国衙領の侵略者から、寺社本所領の護持者に変化したのだといえる。

「観応の擾乱」前の直義の法制は、当時の国司の実態と合っていなかった。建武政権下では、雑訴決断所の指揮を受ける形で国司と守護とが活躍したが、建武政権の崩壊後は国司の動きがみえない。北朝が朝廷の儀式を行う費用をどのように調達したのか、を検討した松永和浩は、北朝では国司が朝廷に費用を上納する「諸国所課」や「成功」（公費を負担することで任官を受けること）といった手続きが行われた実例がまったくないという（松永：二〇〇六）。

世襲の知行国主は室町時代にも収税を続けているが、任期によって遷替する国司は収税を実現できなくなったようだ。国司の機能喪失とは、「二元的な国制」の片方の軸がなくなることを意味する。

「国司の税務」の消滅と足利直義の信用失墜

公家の洞院公賢（一二九一〜一三六〇）の日記『園太暦』貞和五年（一三四九）二月二十一日条によると、光厳上皇は同年三月に崇光天皇の即位式を行う予定を立て、費用を二千七百貫文と見積もり、武家の私財献納を意味する「御訪」の形で提供するようにと幕府に求めた。幕府は朝廷が自力で費用をまかなってほしいと求めたが、北朝には手立てがなく、即位式の目処が立たなくなった。北朝が費用を自力調達できない点から、国司の収税が機能していなかったと推測できる。

醍醐寺座主の三宝院賢俊（一二九九〜一三五七）の斡旋で上納額を二千貫文に減じたため、幕府が進献に同意した。しかし、当時は尊氏の新邸を造営中（同年八月十日に竣工・移居）だったため、新邸造営費用と即位式費用の負担とが合わさって、幕府財務の難題になった。

即位式は七月に延期されたが、六月に高師直と足利直義との対立が表面化した。『園太暦』閏六月二日条には、「直義と師直との間に対立があり、兵火に及ぶだろう」という噂が記されている。この直後に予定が変更されて即位式は十月に延期され、「御訪」の期限も九月になった。対立の原因は、おそらく「御訪」を期限どおりに上納することが困難だったことにあったのだろう。

八月になって、また対立が起きた。「御訪」の上納期限がやってくるたびに内紛が起きたのだ。尊氏新邸の竣工と同じ頃に、直義が高師直を斥(しりぞ)けることを謀ったらしい。八月十三日に師直は大軍を集めて直義を討とうとした。在京武士のほとんどが師直に与(くみ)する様相となったために、尊氏・直義が妥協した。そのため直義が政務から退くことになり、鎌倉にいた尊氏の三男義詮を上洛(じょうらく)させて直義に代わらせることとした。

国司の税務に実態がなかったために、予想もしていなかった天皇即位式についての幕府の負担が生じ、直義の朝廷対策や法制についての信用が失墜したのである。

二　「一国平均役」の徴税を幕府に委託する朝廷

「大嘗会米」の徴税を幕府・守護に委ねる

崇光天皇の即位式は貞和五年（一三四九）十二月二十六日に行われ、大嘗会(だいじょうえ)は翌貞和六年（観応元）十一月に予定された。光厳上皇は観応元年八月二十七日に院宣(いんぜん)を発し、「諸国大嘗会米(まい)」は「武家沙(さ)

汰」として上納せよと命じた。「諸国大嘗会米」は国司が徴税する税「一国平均役」だが、徴税業務が幕府に委託されたのである。「御訪」とは異なり、費用を在地に転嫁できるはずだった。

崇光の一代前の光明天皇（一三二一〜八〇）の即位関連儀式の費用は、幕府が用意した。光明天皇の即位当時の暦応元年（一三三八）十月、摂津国（大阪府北中部と兵庫県南東部）では、守護代が「摂津国諸庄園領主御中」に「大嘗会米」の納入を命じている。

貞和五年二月にこの先例に言及した幕府の担当者は、光明天皇のときは戦時の特例だ、現在は平時だから朝廷側で収税してほしい、とした。その後に前述した混乱があって、観応元年、「大嘗会米」の徴税を幕府・守護に委ねることが平時措置として朝廷側から命じられた。つまり、「幕府―守護系列」が諸国を一元的に支配する方向性となった。ただ、実現までにはその後、少し時間がかかった。

「正平一統」により崇光の大嘗会は中止

ちょうどこの頃、直義の養子直冬（一三二七?〜八七?）が、幕府に対立する勢力となって九州・中国地方西部で強大化し、幕府はその対策に追われていた。直義を隠退させた直後に、師直らが直冬の殺害を謀って失敗していた。観応元年（一三五〇）十月に、尊氏が直冬征討に出陣することになった。光厳上皇は十月十九日に大嘗会の延期を決定し、同月二十八日に尊氏が京都を発った。

一方、同じ頃に直義は南朝に降って挙兵する準備を進めており、観応元年十一月に師直らの討伐を名目として挙兵した。「観応の擾乱」のはじまりである。直義は同年十二月に南朝への帰参を許され、翌年二月に摂津打出浜（兵庫県芦屋市）で尊氏・義詮を破り、高師直とその一族が殺された。

直義が南朝に示した講和条件ははっきりしない。『観応二年日次記』によると、北畠親房（一二九三〜一三五四）らの反対で講和交渉は五月半ばに破談になったという。南朝との和睦が破談となったために、六月に北朝の崇光天皇の大嘗会の準備が再開された。『園太暦』同年六月九日条によれば、幕府の使者二階堂行珍（?〜一三五七〜?）が光厳上皇に謁して、「大嘗会」について決定してほしい、「段米（大嘗会段米）」のことは幕府側で取り計らうから、院宣を下してほしいと述べたとある。大嘗会段米を幕府が代行徴収することを、幕府側も原則的に受け容れていたわけである。直義は北朝に与するようになった。

しかし、このあと七月に尊氏・義詮が直義との戦争を再開し、八月に尊氏・義詮が南朝に降参して、十一月初めには北朝が中絶する「正平一統」となった。実際には、崇光天皇の大嘗会が行われることはなく、そのための大嘗会段米が徴収されることもなかったのである。

三　足利義詮の挽回策――「正平一統」とその破綻

南朝側の真意は幕府討滅にあった

いったん直義に敗れて巻き返しを図る足利義詮は、北朝と結ぶ直義に対抗して南朝と提携し、皇位を南朝の後村上天皇に一本化した。そのため、尊氏らは観応二年（一三五一）十一月から、南朝の年号「正平六年」年号を用いはじめた。これを「正平一統」という。

南朝に送った観応二年八月二十五日付の尊氏・義詮書状が『園太暦』にみえ、「天下事」を後村上天皇の「聖断」に委ねるとある。『太平記』第三十に、「国衙の郷保并本家・領家」に対する幕府の関与を停止する、「承久の乱」（一二二一年）後の「新補率法」（乱後に新たに任命された地頭の得分についての法定比率）や諸国の守護職、地頭御家人の所領については委ねてほしい、と義詮が奏聞したという記事がある。『園太暦』同年十一月五日条に照応する記事があり、裏づけとなる。

義詮は、南朝が「朝廷―国司・荘園領主」の連繋を担い、尊氏が「幕府―守護」の連繋を行う、「二元的な国制」を考えていたのかもしれない。しかしながら、南朝側の真意は幕府を討滅して南朝中心に国制を「一元化」することにあったのだった。

後村上の即位式・大嘗会の準備と吉野に送られた「三種の神器」

尊氏は「正平一統」に乗り気ではなかった。『園太暦』観応二年（一三五一）十一月五日条には、尊氏は内心では不承知だが「賢息（足利義詮）・道誉（京極導誉）・妙善（赤松則祐。一三一一〜七一）」らの推進していることなので従っている、とある。東国では直義派の上杉憲顕（一三〇六〜六八）・吉良貞家が尊氏派を破っており、尊氏は鎌倉に向かっている直義が彼らと合流することを心配していた。十一月四日に尊氏が鎌倉に向けて出陣した。同月二十一日に、義詮の使者京極導誉が光厳上皇に謁して、「天下のことについては『南方』後村上天皇に従う」と伝えた。同月二十四日、後村上天皇の義理の外祖父洞院公賢の京都の邸に南朝の使者が来て、来年、後村上天皇の即位式・大嘗会を行うと伝えた。十二月二十三日に北朝の「三種の神器」が吉野に送られた。明くる正平七年（観応三〔一三五二〕）二月、公賢はすでに退位して「新院」となっていた崇光上皇に対面した。

ところが、正平七年閏二月二十日、南軍が破約して洛中に進攻した。このため、義詮は近江（滋賀県）に退散した。同月二十一日、南軍は、安全のため、という名目で、持明院統の光厳・光明・崇光三上皇と皇太子だった直仁を石清水八幡宮（京都府八幡市）の南軍陣営に招き、身柄をおさえた。このあと、光厳らは延文二年（一三五七）まで吉野（賀名生）などに幽閉されることになった。

四　北朝三上皇の吉野幽閉と後光厳天皇の践祚

光厳の皇子弥仁か、崇光の皇子栄仁か？

足利義詮は観応三年（一三五二）三月十五日（南朝年号の正平七年は、北朝年号の観応三年に戻された）に京都に攻め上り、同年五月にかけて石清水八幡宮の南軍陣営を攻めた。

義詮は、石清水社の南軍を攻める一方で、観応三年五月前半に河内東条（大阪府富田林市・河南町・千早赤坂村）の周辺に移されていた光厳・光明・崇光三上皇と直仁親王を京都に戻すことを楠木正儀（正成の三男。?～一三九八?）に掛け合った。しかし、南朝の主戦派に阻止されて、光厳上皇らは吉野に移されてしまった。これにより、北朝の再建は非常に困難となった。天皇家家長の光厳上皇も、前天皇の崇光上皇も、皇太子の直仁親王も、すべて南朝方に連行された。「三種の神器」も後村上天皇の手中にあった。義詮は五月後半に、摂関家諸家に対して打開策を考えて提案するように求めた。

このとき京都にいた持明院統の男性皇族は、光厳上皇の第三皇子弥仁（後光厳天皇）十五歳と崇光上皇の第一皇子で二歳の栄仁の二人だけだった。一条経通（一三一七～六五）を摂政として幼い栄仁を立てる案と、成人年齢に近い弥仁に自立践祚させて二条良基（一三二〇～八八）を関白に補す案とが比較検討されて、五月末に二条良基案が採用された。

それにともない、義詮の使者京極導誉が光厳・光明の生母である広義門院西園寺寧子（一二九二～

一三五七）に申し入れて、家長不在の不備をとり繕うために寧子が院政をしく段取りになった。寧子は六月二十五日に二条良基を関白に任じた。

弥仁（後光厳）は観応三年八月十七日に践祚した。南朝側はこれを「偽朝」とよんだ。父の光厳上皇は弥仁ではなく第二皇子の直仁を「正統」としていたので、父子の間も対立状態になった。

春日大明神の託宣に背く形になってしまった

光厳上皇の皇位継承策は、建武二年（一三三五）五月に、光厳と正親町実子（宣光門院。一二九七〜一三六〇）との間に生まれる直仁親王を皇位継承者にせよ、という春日大明神の託宣を得たことに由来する（これまでの通説では、直仁の実父は光厳の叔父花園上皇〔一二九七〜一三四八〕とされてきた）。

正親町実子が、鎌倉幕府最後の執権赤橋（北条）守時（一二九五〜一三三三）の義姉妹であったために、当初は、鎌倉北条氏の再興を図る「中先代」北条時行（?〜一三五三）らとの提携につながった。尊氏が時行を破ったあと、正親町実子が尊氏の室赤橋（北条）登子（一三〇六〜六五）の義姉妹であったために、光厳上皇と尊氏との提携に移行した。

義姉妹というのはどういうことかというと、直仁の生母正親町実子の異母兄の正親町公蔭（一二九七〜一三六〇）の室（赤橋〔北条〕種子）が、足利義詮の生母登子と実の姉妹であったということである。ゆえに直仁は義詮の従兄弟にあたる。光厳上皇は、直仁を持明院統の皇位継承者にすれば、従兄

関係略系図

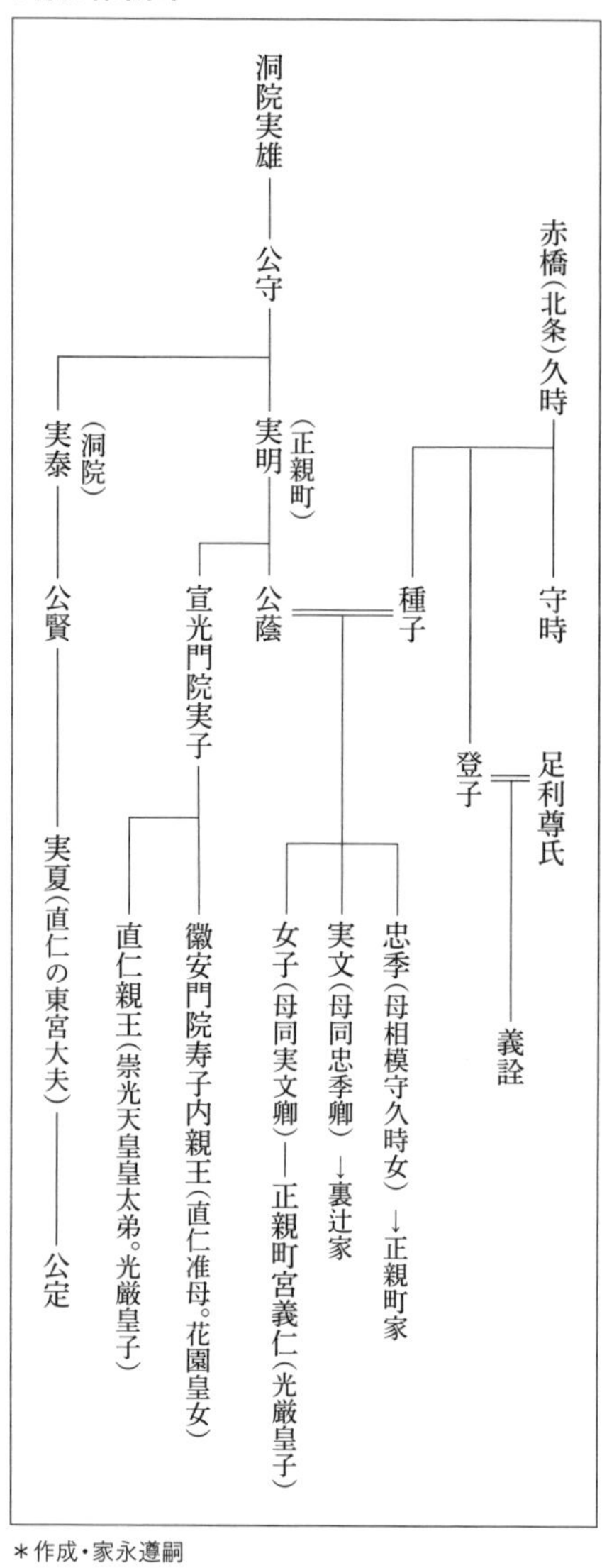

＊作成・家永遵嗣

弟の足利義詮が扶けるはずだと期待したと推定される（系図参照）。

まず先に、光明天皇の皇太子になっていた興仁（おきひと）（崇光天皇）に即位儀式（践祚・即位式・大嘗会）を遂げさせて、急ぎ弟の直仁に譲位させようとしたが、費用問題などのせいで崇光の即位式・大嘗会が躓（つまず）いた。その後、光厳と直仁らが吉野に連行され、弟の弥仁（後光厳天皇）が践祚した。このために、直仁を皇位に就けて、その血筋を持明院統の「正統」とする戦略は実現できなくなった。弥仁の践祚をみた光厳上皇は、直仁に皇位を伝えなさいと命じた春日大明神の託宣に背く結果になったと考えて、激しく憤った。そのため、自身の子孫が皇位に就くことを一切断念する旨の願文を春日社に奉って、謝罪した。子息である崇光上皇にも同じ内容の謝罪願文を奉納することを強いた。

五　北朝の惨状と足利義詮の将軍親裁

諸役勤仕を拒否する公家衆

松永和浩は、後光厳天皇の在位期間中（一三五二～七一年）に北朝朝廷が陥っていた惨状を検討している（松永：二〇一三）。

儀式に出仕する者の範囲が非常に狭くなり、特定のイエに限られていった。人材不足のせいで未熟な若者に役目を課したために、先例に違う失敗をきたす事例が増えた。公家衆を儀式に出仕させるために、天皇自身が宸翰（天皇の自筆文書）でもって催促しなければならなかったが、それでも諸役勤仕を拒否する者が出ていた。

そこで、朝廷儀式の崩壊を阻止するために幕府が介入した。出仕する公家衆には扶助料である「御訪」を支給し、寺社の嗷訴などを理由に儀式を延期しようとすると、幕府が介入して強制的に実施させた。朝廷儀式の費用を段銭（即位・大嘗会、内裏や寺社の造営にあたって賦課された臨時税）・棟別銭（家屋の棟数別に賦課された臨時税）などの形で、「幕府—守護」の連繋によって受託徴収して上納することが、その延長線上に顕れてくる。

足利義詮の法制・裁判が「寺社本所の保護」で貫かれているのは、以上のことと関連する。

「正平一統」の破綻が「国制の一元化」を促進した

後光厳天皇践祚の直前、観応三年（一三五二）七月二十四日に最初の「半済令」（荘園・公領の年貢半分の徴収権を守護に認めた法令）、すなわち室町幕府追加法五六「寺社本所領事」が決定された。法文の前半では、「擾乱」による兵粮料所の設定や武士の不法で侵された「寺社」「本所」の所領を、諸国の守護の使節遵行で返付せよと命じた。後半は、「近江・美濃・尾張三ヶ国本所領」の「半分」を兵粮料所として、「當年一作」限りで軍勢に預け置くという有名な「半済令」である。

かつてこの「半済令」は武士の「荘園侵略」を促す政策とみられていた。近年の研究では、この「半済令」の主旨は「下地（土地）の半分を本所代理人に渡させる」ということにあったとみられるようになっている。すべて返付させるのが困難なので、半分だけは返せ、ということである。

この当時、北朝の権威は、「正平一統」による中絶、三上皇の吉野捕囚、後光厳天皇の異常な登極（即位）によって、ひどく痛めつけられていた。寺社本所が潰れることは、さらなる大打撃となる状況だった。義詮の寺社本所領保護政策は、「幕府―守護」の働きで寺社本所の経営を保護するものだった。義詮が自ら訴訟を聞いて裁断する、「将軍親裁」が活発化するのも上記と結びついている。

（1）寺社本所が義詮に直訴する。

（2）義詮は被告武士の弁明を聞かずに所領の保全を命じる（「特別訴訟手続」という）。

（3）義詮自身の命令書である御判御教書で守護に対して発令する。

という特徴が、義詮の「将軍親裁」の本質的な部分である。

叔父の直義に勝とうとした義詮が、尊氏の不承知を押し切って「正平一統」を行い、これが破綻したために、北朝が悲惨な状況に陥ってしまった。結果として、義詮の責任が問われ、対策として訴訟の親裁や寺社本所領保護が図られ、またその実現のために「幕府―守護」体制が動員されて、「国制の一元化」が本格的に進展していったということになる。

六　持明院統の分裂と皇位継承の一本化

崇光上皇・後光厳天皇兄弟の相続争い

後光厳天皇の践祚後も、足利直冬などの旧直義派が南朝と結んで京都に攻め込むことが繰り返された。文和二年（一三五三）六月から七月、翌文和三年末から文和四年三月にかけてのことだった。

このあと直冬の勢力は衰え、南朝軍も京都を脅かす力を失った。文和四年八月、光明上皇が吉野から解放されて帰京し、延文二年（一三五七）二月には、光厳上皇・崇光上皇・直仁親王も帰京した。誰が皇位を継ぐのか、また、持明院統の家産である長講堂領（後白河天皇〔一一二七〜九二〕にはじまる王家領荘園群）などを誰が相続するのかをめぐって、崇光上皇・後光厳天皇兄弟の相続争いになった。

崇光・後光厳の父である光厳上皇は、直仁親王に皇位を継承できなかったことで憤っていた。怒りを向けられた後光厳天皇に不利だった。翌延文三年三月十三日、崇光上皇が後白河上皇の祥月命日の仏事を、長講堂（京都市下京区）で執行した。祖先祭祀と長講堂領を握った崇光が家長継承者になったとみられる。直仁は出家していたので、崇光の子栄仁に皇位を伝えることが内定したと判断される。

ところが、五年後の貞治二年（一三六三）になると、意外な方向に風向きが変わってしまった。同年四月、光厳上皇は遺産配分を定め、長講堂領を管理している崇光上皇が没したら、後光厳流と崇光流のうちで、結果として皇位を継承していく血筋が長講堂領を支配せよと定めた。つまり、後光厳天皇の血筋が皇位を継承してもよい、という方向に光厳上皇の気が変わったのだ。

後光厳の血筋を守った女官の日野宣子

延文三年（一三五八）八月二十三日に義詮の子足利義満が生まれた。同じ延文三年の十二月十二日、後光厳天皇から皇位を継ぐことになる緒仁（後円融天皇）が生まれた。緒仁の生母、また後小松天皇の祖母である広橋仲子（崇賢門院）は、足利義満の生母紀良子の妹だという。義満は、緒仁の従兄にあたる関係だった。この親族関係は、光厳が以前に思い描いた義詮と直仁との従兄弟関係に相似の形である。光厳は、義満が従弟の緒仁（後円融）を扶けるはずだ、と考えたのだろう（系図参照）。

家族関係図

石清水善法寺（紀）通清

勘解由小路（広橋）兼綱

細川頼之

持明院保世女

足利義詮

紀良子

後光厳天皇

広橋仲子（崇賢門院）←広橋兼綱養女

広橋仲光

「老堂」細川氏

足利義満

日野康子（北山院）

三条厳子（通陽門院）

後円融天皇

広橋兼宣

聖久（崇賢門院猶子）

後小松天皇

＊作成・家永遵嗣

仲子が義満の叔母だという説は、通玄寺（京都市中京区）の寺伝に拠って渡邊世祐（一八七四〜一九五七）が指摘し、臼井信義（一九〇七〜九二）が仲子の甥広橋兼宣（一三六六〜一四二九）の日記『兼宣公記』によって裏づけたものである。仲子は、義満の北山移居前から北山（京都市北区）の女院御所梅町殿に住んでいた。義満が北山殿に移ると、その女院御所が北山殿のなかに組み込まれ、義満の室日野康子（一三六九〜一四一九）や、義満の子女を交えて家族ぐるみの付き合いになったという。

仲子の入内（内裏入り）は延文三年正月に初めて確認され、同年末の皇子緒仁の懐妊を見込んで計画された皇位継承争いへの対策とみられる。その計画を企画・実行した者は、後光厳の乳姉妹（血縁はないが、同じ女性の乳を飲んで育った者同士）であった女官（典侍）の日野宣子（?〜一三八二）と、その母「芝禅尼」とみられる。「芝禅尼」は、後光厳天皇の乳人（養育者）日野資名（一二八六〜一三三八）の未亡人で、『園太暦』には内裏女官たちの多くを「扶持」（経済的援助）していたと記録されている。宣子は、乳兄弟である後光厳天皇の血筋を守るために尽力したのである。

おわりに——「皇位の一本化」のカギを握っていた足利義満

広橋仲子の実姉紀良子（足利義満の実母）は、石清水八幡宮の神職善法寺通清の娘である。
神職家の社会的・階層的な身分は低く、当時の慣行では神職の女子が産んだ皇子が皇位に就くことはない。仲子の産んだ緒仁（後円融天皇）が即位することは、本来ならば起こるはずがないことだった。カギは足利義満らしい。応安四年（一三七一）に緒仁が皇位に就くとき、伯父の崇光上皇は母（三条秀子）を同じくする弟の後光厳天皇を「庶子」とよび、「庶子」後光厳の子には皇位継承資格がないということを管領の細川頼之（一三二九〜九二）に向けて説いた。しかし、仲子の身分の低さを言挙げすることはなかった。仲子の身分が低いことは緒仁の践祚を阻む致命的な弱点だったはずだが、仲子が義満の叔母にあたるから難じることを避けたのだろう。

この問題の少し前に仲子の義弟の広橋仲光（一三四二〜一四〇六）が、細川頼之の女子と結婚していた。この女子が、広橋兼宣を産んだのは貞治五年（一三六六）で、明くる貞治六年、足利義詮は細川頼之を管領に抜擢したうえで同年十二月に没した。

仲子の義弟仲光の舅である細川頼之は、仲子の甥にあたる義満を後見する幕府管領となったのだ。その後、応安四年三月に、頼之は仲子の配偶者である後光厳天皇の意を挺して、緒仁（後円融天皇）の践祚に尽力した。義満と緒仁とが従兄弟同士として生まれた延文三年（一三五八）という年が、北朝の後光厳系皇統と足利将軍家との関係性の転換点だったといえる（九一頁の系図参照）。

朝廷儀式や寺社修造の費用を、守護が段銭で徴収する体制はその細川頼之の管領在職期間（応安年間）に確立した。義満は、のちの永徳二年（一三八二）に左大臣として緒仁の子後小松天皇の即位を執行し、崇光上皇の没後、長講堂領を栄仁から奪って後小松天皇に渡す。このようにして、幕府と北朝による「国制の一元化」「皇位の一本化」が曲がりなりにも進展していったのである。

【主要参考文献】

赤松俊秀・上横手雅敬・国枝利久編『光厳天皇遺芳』（常照皇寺、一九六四）

飯倉晴武『地獄を二度も見た天皇　光厳院』（吉川弘文館、二〇〇二）

家永遵嗣「足利義詮における将軍親裁の基盤」（石井進編『中世の法と政治』所収、吉川弘文館、一九九二）

同『室町幕府将軍権力の研究』（東京大学日本史学研究叢書・一号、東京大学日本史学研究室、一九九五）

同「足利義満・義持と崇賢門院」（『歴史学研究』八五二号、二〇〇九）

同「室町幕府と『武家伝奏』・禁裏小番」（科研費報告書『近世の天皇朝廷研究』第五号に所収、二〇一三）

同「光厳上皇の皇位継承戦略と室町幕府」（桃崎有一郎・山田邦和編『室町政権の首府構想と京都』所収、文理閣、二〇一六）

同「講演　14世紀の公武関係・朝幕関係と室町幕府」（『学習院史学』五六、二〇一八）

石井進『日本中世国家史の研究』（岩波書店、一九七〇。『石井進著作集第1巻』岩波書店、二〇〇四に再録）

石原比伊呂『足利将軍と室町幕府—時代が求めたリーダー像』（戎光祥出版、二〇一八）

伊藤喜良『南北朝動乱と王権』（教養の日本史、東京堂出版、一九九七）

今谷明『室町の王権—足利義満の王権簒奪計画』（中公新書、一九九〇）

臼井信義『新装版　足利義満』（人物叢書、吉川弘文館、一九八九。初出一九六〇）
亀田俊和『高師直―室町新秩序の創造者』（吉川弘文館、二〇一五）
同『観応の擾乱―室町幕府を二つに裂いた足利尊氏・直義兄弟の戦い』（中公新書、二〇一七）
佐藤進一「室町幕府開創期の官制体系」（同『日本中世史論集』所収、岩波書店、一九九〇。初出は石母田正・佐藤進一編『中世の法と国家』所収、東京大学出版会、一九六〇）
同『南北朝の動乱』（日本の歴史9、中公文庫、二〇〇五。初出一九六五）
宸翰英華別篇編集会編『宸翰英華　別篇　北朝 図版篇』（思文閣出版、一九九二）
田中義成『南北朝時代史』（講談社学術文庫、一九七九。初出は明治書院、一九二二）
日本史史料研究会監修・亀田俊和編『初期室町幕府研究の最前線―ここまでわかった南北朝期の幕府体制』（洋泉社歴史新書y、二〇一八）
林屋辰三郎『内乱の中の貴族―南北朝と『園太暦』の世界』（吉川弘文館、二〇一五。初出は角川選書、一九九一）
久水俊和『室町期の朝廷公事と公武関係』（岩田書院、二〇一一）
深津睦夫『光厳天皇―をさまらぬ世のための身ぞうれはしき』（ミネルヴァ書房、二〇一四）
松永和浩「室町期における公事用途調達方式の成立過程―「武家御訪」から段銭へ」（『日本史研究』五二七号、二〇〇六。同『室町期公武関係と南北朝内乱』吉川弘文館、二〇一三に再録）

同『室町期公武関係と南北朝内乱』（吉川弘文館、二〇一三）
峰岸純夫『足利尊氏と直義―京の夢、鎌倉の夢』（吉川弘文館、二〇〇九）
水野圭士「細川頼之政権と持明院統の分裂」（『学習院大学人文科学論集』二六、二〇一七）
村田正志『證註　椿葉記』（『村田正志著作集　第四巻』思文閣出版、一九八四。初出は實文館、一九七四）
同「解説」（宸翰英華別篇編集会編『宸翰英華　別篇　北朝 解説篇』思文閣出版、一九九二）
森茂暁『南朝全史―大覚寺統から後南朝へ』（講談社学術文庫、二〇二〇。初出二〇〇五）
横井清『室町時代の一皇族の生涯―『看聞日記』の世界』（講談社学術文庫、二〇〇二。初出は『看聞御記―「王者」と「衆庶」のはざまにて』そしえて、一九七九）
渡邊世祐「足利義満皇胤説」（『史学雑誌』第三十七編・第十号、一九二六。同『国史論叢』文雅堂書店、一九五六に再録）

【さらに詳しく学びたい読者のために】

①佐藤進一『南北朝の動乱』（日本の歴史9、中公文庫、二〇〇五。初出一九六五）
②横井清『室町時代の一皇族の生涯―『看聞日記』の世界』（講談社学術文庫、二〇〇二。初出は『看聞御記―「王者」と「衆庶」のはざまにて』そしえて、一九七九）
③林屋辰三郎『内乱の中の貴族―南北朝と『園太暦』の世界』（吉川弘文館、二〇一五。初出は角川叢書、

一九九一）

①は、「尊氏＝逆臣」という戦前の公定史観を批判して、南北朝期の歴史を「戦後歴史学」の水準で描ききった最初の傑作。国家の下へ向かっての権力浸透と被支配集団の政治参加との間の葛藤の時代、という大局観を示す。建武政権から足利義満までの政治・社会・文化・国際関係の諸相を描いた。今なお色あせない実証性でも知られる。

②崇光天皇の孫の伏見宮貞成親王の日記『看聞日記（看聞御記とも）』を用いて、生涯を描く。また、貞成の歴史書『椿葉記』を通じて、「観応の擾乱」と「正平一統」によりもっとも大きな被害を受けたともいえる持明院統のなかの崇光天皇の血筋が、十四〜十五世紀にたどった道筋を振り返る。後光厳天皇の血筋が後小松天皇の子称光天皇の早世でとだえ、貞成の子後花園天皇が位に就くことで、持明院統のなかの皇位継承争いに最終的な決着がついたことを描いた。

③大覚寺統の後醍醐天皇の妃阿野廉子の養父（後村上天皇の義理の祖父）であるとともに、持明院統の光厳上皇の「正統」直仁親王の後見人（直仁の実母正親町実子の従兄で左大臣）であった洞院公賢の伝記。公賢は当代の根本史料『園太暦』の記主で、朝廷にかかわるあらゆる事象についての信頼性の高い情報源となった。その人生と人柄とをうかがわせる味わい深い伝記。

〈第四章〉

【南北朝合一――後円融・後小松】

義満と深く関与した二人の天皇――叙述される天皇の個性

久水俊和

はじめに――分裂の危機にあったふたつの北朝天皇家

本稿で取りあげる、後円融天皇（一三五九～九三）と後小松天皇（一三七七～一四三三）父子の時代（十四世紀後半～十五世紀前半）は、室町幕府の絶頂期であり三代将軍足利義満（一三五八～一四〇八）の執政期にも重なる。

この時代は、京都の天皇・公家衆と武家のほかに、かつての勢いこそ削がれていたが大和国吉野（奈良県吉野地方）を中心に根づいていた南朝勢力（南朝方の武士も含む）も存在していた。だが、義満が実力者に成長すると、約六十年にわたる南朝との対立にもようやくピリオドを打つことになる（南北朝合一。一三九二年）。南朝方の後亀山天皇（一三五〇？～一四二四）率いる吉野の公家衆は、北朝と室町幕府のもとへと実質的に投降してきた。

後円融・後小松にとって、義満はじつに頼りになる武家であった。しかし、義満側からすると、中世国家の舵取りをする以上、天皇・公家衆・南朝・大寺社といった勢力を上手に差配せねばならなかった。とくに、征夷大将軍という自らの地位を保証する京都の朝廷には、強固な存在でいてもらわねばならない。そのためにも、義満は積極的に朝廷政治へと介入した。それらの現象によって、学界では義満の「公家化」「王権簒奪」などのさまざまな評価がなされるにいたった。

北朝天皇家の懸念のひとつに、再度の天皇家の分裂があった。王家（ここでは広義の天皇家一門の意味で用いる）内の分裂は、吉野と京都の両天皇家（南北朝）だけではなかった。じつは、京都の天皇家も一本の直線的皇統ではなく、前章まで述べられたように、足利尊氏（一三〇五～五八）の一時的な南朝帰順（正平一統。一三五一～五二年）により、崇光流天皇家と後光厳流天皇家のふたつの天皇家が形成され、皇統分裂の危機をはらんでいた。そのため義満は、強硬的な朝廷強化策に出ざるをえなかった。

本稿では、義満と深く関与する後円融・後小松という二人の北朝天皇に対する学術的評価の最前線を探ってみたい。

一　戦前戦後の「公武関係」研究の行方

権力を奪った〝けしからん輩〟と奪われた〝やられ役〟

後円融・後小松天皇は足利義満と対立したのか、それとも中世国家を共同運営したのか。いわゆる「公武関係」（中世国家をめぐる朝廷と幕府の関係）を論じる場合、両天皇と義満との間で起きたさまざまな事象は、「公武関係」を論ずるうえでうってつけの素材であった。

戦前、東京帝国大学で教鞭をとった田中義成（一八六〇〜一九一九）は、義満がとった行動を「天皇の位を窺窬せる」と、皇位簒奪行為と解釈した（田中：一九二三）。当時は皇国史観（天皇中心に歴史発展をみる歴史観）の時代であったため、朝廷をないがしろにして皇位をうかがい狙う義満は、〝けしからん輩〟であった。

だが、それも戦後になると一転する。皇国史観への反動なのか、おもに唯物史観（物質的な生産力や生産関係の変化が、歴史を動かす力となるという考えの歴史観）で用いられる「天皇制」という分析概念により、「天皇制」の克服が説かれるようになる。つまり、天皇を頂点とした古代的国家は、武士による封建国家によって服従させられた、という評価の徴証（根拠）として、天皇と義満の関係が論じられたのである。

このような歴史観により、後円融・後小松は義満から権力を奪われる〝やられ役〟として叙述されるようになる。佐藤進一（一九一六〜二〇一七）の「権限吸収論」は、まさに室町幕府が朝廷や大寺社と〝衝突〟しながら、彼らが掌握する行政や司法に関する権限を幕府側が次々と奪取していったという学説である（佐藤：一九六三）。

また、二〇〇〇年代までの歴史学界における「公武関係論」でも、北朝の天皇たちは、律令国家以来の権力や権威を表現する一種の記号にすぎず、天皇そのものの個性についてはさほど叙述されてはこなかった。永原慶二（一九二二〜二〇〇四）が、権力は武家にあり、天皇は武家の国家運営に正当性を与える権威の源泉と説き、天皇は〝国王〟ではなく、封建王権の〝王冠〟であると、無機質なものにたとえているのがなによりの証左である（永原：一九八二）。

こうした考えは、少なくとも平成期（一九八九〜二〇一九年）に入るまでの歴史学界においては、北朝天皇の個性を論じる段階にはいたってなかったといえる。

天皇の個性を叙述する時代へ

国家運営の権限を、公家と武家で争う公武対立の歴史観が根強かったものの、ようやく天皇の個性が叙述されるようになったのは、義満による「王権簒奪」を論じた著名な著書、今谷明『室町の王権』からであろう（今谷：一九九〇）。その後、公武の対立か融合かの歴史観の違いはあるものの、北朝天皇の個性を叙述した著書が、一般向けの本を中心として相次いで発刊された（小川：二〇一二、

桃崎：二〇二〇、久水・石原：二〇二〇、石原：二〇二〇など）。

新書などの一般向けの書籍では、研究者がいきなり新学説を披露することは少なく、これまで公刊された学術論文や専門書を、一般向けに書き直したものがほとんどである。つまり、研究の蓄積の結果、新書本が複数出るほど北朝天皇の個性が解明されるようになったのである。前置きが長くなったが、無機質な「権力構造論」から、天皇の個性が叙述されるようになった結果をふまえ、後円融・後小松天皇について次節より解説していきたい。

二　自らの正統性に苦しむ後円融天皇

幕府頼みとなった後円融の即位費用の捻出

後円融天皇は、〝危うい天皇〟といわれた後光厳天皇（一三三八～七四）を父にもつ。父後光厳は、王家の家長である「治天の君」（当時は光厳上皇。一三一三～六四）からの承認もなく（南朝方に軟禁されていたため）、さらに「三種の神器」もなく即位したため、南朝側からは「偽主」と揶揄され、正統性・正当性に疑問がもたれた（本書の第三章を参照）。

その後光厳の即位からほぼ二十年、幕府（この時期〔十四世紀後半〕の義満はまだ若く、管領の細川頼之〔一三二九～九二〕が幕政の中心であった）としては、後光厳の皇子緒仁王（のちの後円融天皇）を支持したいが、幕府内には崇光派も少なからずいたようである。だが、当初は後円融の即位に反対していた光厳上皇も、最後は折れたようで、「治天の君」である自身の置文（子孫への書き残し）によって後光厳系の子孫の即位を認めたため、光厳の死後、応安四年（一三七一）に後円融の即位が実現した。

なお後円融天皇の即位礼は、興福寺（奈良県奈良市）衆徒の強訴による春日社神木の入洛によって応安七年まで延引され、費用調達にも苦慮する。十四世紀の南北朝期の即位礼は、幕府方の献金により賄われていたが、幕府側からしてみれば、それは戦乱中の緊急措置という考えであった。本来、皇位継承の費用は朝廷マターの案件であり、朝廷側が支弁するものである。だが、もはや朝廷には諸国に自力で即位費用を賦課・徴収するシステムが機能しておらず、戦乱が平穏になっても幕府頼みであった。

じつはこの後円融の即位費用は、中世後期の国家財政史をみるうえで、たいへん重要なターニングポイントとされる（松永：二〇一三）。財源に乏しかった幕府は、洛中で高利貸しを営んでいた土倉（金融業者）・酒屋（酒造業者）に賦課することで凌ごうとした。結果として幕府は、土倉・酒屋を懐柔し、巨額な費用を賄うことに成功した（久水：二〇二一）。ただし、「借用」という建前であった。実際返済されたか否かは別として、土倉側からすると、こんなことが新たな税制度として定着するのは好ましくなかった。あくまで、緊急的な措置として、即位費用を貸し付けたという体裁である。

本来は、朝廷が諸国に即位費用調達のための臨時税を賦課する。だが、幕府は借用分を取り戻すために、即位の際に諸国へ機械的に課される「即位段銭」とよばれる国税を、幕府が代行する形で実施した。結果、即位礼後の事後徴収になってしまったが（本来の「即位段銭」は即位礼前に賦課徴収する）、幕府が朝廷に代わり「即位段銭」を請け負ったことは、中世国家財政史においてきわめて重要である。以後、天皇即位の際、幕府が事前に諸国へと賦課する「即位段銭」の代行は、幕府が衰退する戦国期まで継承される。

〝正統性〟確保に苦しむ後光厳流天皇家

後円融は、先帝（後光厳）からの受禅（先帝からの譲位を受けて皇位に就くこと）後、四年の延引を経たものの無事即位礼を済ますことができた。名実ともに天皇となった後円融だが、それでも苦悩が尽きなかった。北朝（持明院統）の「天皇を出せる家」、すなわち北朝系の天皇家は相変わらず二家（崇光流・後光厳流）のままである。勢力はかなり衰えたとはいえ、大覚寺統を継承する吉野の南朝系天皇家の存在も無視できなかった。

後円融の父である後光厳朝廷は、南北朝の内乱で中絶した朝儀を再興させ、後光厳流天皇家の正統性を得ようとした。後円融も、崇光流に栄仁親王（崇光の皇子。一三五一～一四一六）という〝本来の正統〟がいる以上、父が得ることに苦慮した正統性を、公家社会へ認めさせなければならなかった。

なにより、長講堂領（後述）をはじめとする、天皇家財政の基幹荘園群の領有権は崇光流が掌握していた。被害妄想とまではいかないが、皆が自分を「偽主」とみているのではとの疑念がつねに付きまとったことであろう。そんなとき、救世主のように現れたのが義満である。

三　従兄弟同士で同い歳ながら、相性が悪い二人

朝儀の盛儀化に心血を注いだ義満

先にもふれたように、足利義満の将軍就任当初は、管領細川頼之が主導権を発揮したが、「康暦の政変」（一三七九年）で頼之が失脚すると、義満自らが幕府を主導するようになっていった。後円融天皇にとって義満はじつに頼りになる人物で、即位当初に抱えていた寺社勢力との諸問題を次々に解決してくれた。さらに、金銭面でもよく面倒をみてくれた。

後円融と義満は、ともに延文三年（一三五八）生まれの同い歳である。さらに、義満の母良子（一三三六～一四一三）と後円融の母仲子（崇賢門院。一三三九～一四二七）は血縁関係上の姉妹でもある。血縁関係上というのは、仲子は公家の広橋家の養女となったからである。実父は石清水八幡宮（京都府八幡市）祠官の紀通清であったが、典侍（天皇の側近女官）として入内する際に父親の家格が不適合であり、中納言広橋兼綱（一三一五～八一）の養女として入内した。

だが、この同い歳で血縁的にも従兄弟同十の二人の相性は、どうにもしっくりこなかった。義満は、

有職故実（朝廷の礼式などの先例）に長けた前関白二条良基（一三二〇〜八八）に師事し、公家社会の諸作法を習得した（本書の第八章を参照）。義満の「公家化」ともいわれる現象は、かつては公家社会への侵犯的な見方がされていた。しかし近年では、義満は父の義詮（一三三〇〜六七）や祖父の尊氏のように、外部から北朝を支えるのではなく、内部から朝廷を強固なものにしようとした結果だ、との評価もある。

そのためには、厳格な朝儀の挙行が必須であり、「廷臣総動員」と評される朝儀の盛儀化に心血を注いだ。義満自身は儀礼マニア的なところもあり、自ら難解な作法をともなう内弁（儀式の責任者）なども積極的に務めた。

しかし、この時期特有の現象ではないが、公家社会の儀礼運営は、遅刻やサボりが当たり前の世界であった。後円融自身も、自流の正統性と求心力を得たいという志向性がありながら、それとは裏腹に、厳格な朝儀運営には消極的であった。また、厳正な儀礼運営において必要な知恵袋的存在であった二条良基を煙たがり、後円融は彼に朝儀運営を取りしきってもらうどころか、窓際へと追いやってしまった。

崇光流の琵琶、後光厳流の笙

公家作法をめぐる後円融と義満の違いについて、次のようなエピソードがよくあげられる。天皇には所作すべき楽器があり、崇光流は琵琶、後光厳流は笙であった（本書の第十一章を参照）。義満も笙をたしなみ、後光厳流と義満の昵懇の要因にもあげられている（石原：二〇二〇）。

康暦二年（一三八〇）の出来事であるが、義満は天皇が処すべき楽器である笙の演奏を勧めに参内した。ところが、後円融は先客と酒宴を開いており、義満は遠慮して帰ろうとしたが連れ戻された。連れ戻したからには、義満の望みどおりの笙の演奏会になるかと思いきや、後円融ははぐらかして演奏せず、義満は不本意な様子だったという。

だらだらと酒宴を続けた後円融と、天皇としての楽器所作を望んだ義満。じつに対照的な二人である。

また、「武家執奏」といわれる義満から朝廷への口入れにも嫌気がさすようになっていた。義満の執奏は、所領や官職の補任（任命）など人事を中心に用いられ、後円融は心ならずも承認せざるをえなかった。だが、最後の抵抗として追認を遅らせもしたが、そのような行為により義満の怒りを買い、二人の仲はますます悪化していった。そうした不仲を物語るエピソードは枚挙にいとまがない。

後円融天皇の退位と後小松天皇の擁立

義満との確執が引き金になったのかの実証は難しいが、永徳二年（一三八二）、後円融は在位十一年、二十六歳の若さで退位する。しかし、退位となると再び崇光流との皇位継承問題が浮上してくる。ライバルの崇光流は、まだ崇光上皇が存命であり、自身の即位時に皇位を争った栄仁親王も健在であった。後円融にとっては、退位後の皇位継承問題において自流の後光厳流天皇家の嫡子幹仁王（のちの後小松天皇）へと、いかに皇位をつないでいくかが重要課題であった。

そうなると、憎いながらも頼らざるをえないのが義満である。ところが義満は、後円融とは個人的な仲は最悪でも、皇統については熱烈な後光厳流支持者であった。後円融は、退位前年の年の暮れに、義満に皇位継承について相談する。義満からは「たとえ誰が崇光流を支持しようとも、私はあなたの味方ですのでご安心ください」と、今までの確執が嘘のような回答を得たのである。

前回食い下がってきた崇光側は、義満が相手方についたのを察したのか、栄仁親王を推してこなかった。だが、崇光は自流こそが持明院統の嫡流という自負を捨てたわけではなかった。それは、栄仁の子貞成親王（一三七二〜一四五六）が崇光流の歴史を著した『椿葉記』からもわかる。また、天皇家の家計の基盤である持明院統伝領の長講堂領も、まだ崇光側が領有していた。後円融からしてみれば、北朝の皇統問題はこれで完全決着ではなかったのである。

ないがしろにされる後円融天皇

さて、後小松天皇の擁立により、後円融と義満は歴史的和解かというと、逆に不仲さに拍車がかかってしまった。

まず、自らの皇子であるはずの後小松即位礼に、父の後円融はかかわることなく、終始、義満と摂政に就任した二条良基の主導で行われた。公家社会の儀礼・礼節などを習得した義満は、左大臣にまで昇進しており、一人蚊帳の外の後円融をしり目に、幼少の新天皇と同車にて渡御し、践祚儀では内弁、即位礼では良基とともに高御座（天皇の御座）にて幼い天皇の扶持（出御や作法の補助）にあたり、大嘗会でも内弁を務めた。

後円融は譲位後に上皇となって院政を敷くが、その実態は、国政の運営どころか上皇御所での私的な儀礼すらも滞る、まさに開店休業状態であった。一方の義満は、家司（私的な機関である家政機関をつかさどる職員）として次々に公家衆を自身の家政機関へと登用し、まるで〝義満の院庁〟の様相であった。ついに、公家衆からそっぽを向かれた後円融のうっぷんが爆発する。

後円融は、自身の配偶者である三条厳子（一三五一〜一四〇七。後小松の生母）へも懐疑的になる。出産のために実家へ里帰りしていた厳子に、愛想を尽かされたのかと疑い、しきりに帰参を催促した。厳子の内裏帰参後まもなく、後円融は突如厳子の部屋に押し入り、剣の峰にて殴打した。厳子の父三条公忠（一三二四〜八四）は怒り心頭で、後円融の母仲子の協力を得て、厳子を実家に避難させた。

上皇のあきれた暴挙に、義満は宥めようとするが、後円融は自分が配流になると思い込み持仏堂に閉じこもり切腹をほのめかす始末であった。錯乱状態に陥った後円融は、仲子の宥めによって正気を取り戻した。義満のほうも、思うところがあったのか、後円融の院庁を実態あるものへと再編成し、後円融院政は再始動した。

そんな後円融も、明徳四年（一三九三）、三十六歳の若さで崩御する。その葬儀には、本来参列する必要のない現役大臣にもかかわらず、左大臣義満は供奉（葬儀場までの葬列に加わること）した。二人は個人的には不仲であっても、義満は後光厳流天皇家には昵懇であったのである。

四 「南北朝合一」と幼帝・後小松天皇の即位

南朝の無力化をめざした和議

足利義満は、後円融天皇とはうってかわって後小松天皇をかわいがった。わずか六歳で即位した後小松への最初の大きなプレゼントといっていいのが、「南北朝合一」であろう。

明徳三年（一三九二）、かろうじて吉野で体裁を保っていた南朝の後亀山天皇が、義満からの和議に応じた。おもな講和の条件は、以下である。

①「三種の神器」を「御譲国の儀」によって後亀山（南朝）から後小松（北朝）に渡す。

②今後は大覚寺統（南朝）と持明院統（北朝）の両皇統が交互に皇位に就く。

③諸国国衙領は大覚寺統、長講堂領は持明院統の領地とする。

一見すると、後亀山を天皇として認め、経済的保証もし、風前の灯だった南朝にとっては、意に適った講和条件に思える。だが、この講和条件は絵空事にすぎなかった。

①は、後亀山が天皇だったことを北朝が承認し、後亀山から後小松へ「三種の神器」を渡して譲位するということになる。しかし、結論からいうと、後亀山の即位事実は認められなかった。それはのちに、後花園天皇（一四一九～七一）の父貞成親王への太上天皇尊号宣下の際に持ちだされた先例からもわかる。即位事実は認めないものの、「三種の神器」譲渡の恩につき特別に（天皇経験者ではない）後亀山へ太上天皇号を与える、といったものであった。そのような結果であるから、②の大覚寺統と持明院統による両統迭立も当然反故にされる。

③は、後醍醐天皇（一二八八～一三三九）の建武政権時（一三三三～三六年）の方針にしたがい、諸国を再び国司による管轄に戻し、大覚寺統の経済基盤にするということである。国衙領というのは国司がもつ公領のことだが、残念ながらこの時期はほとんど残存していない。播磨国（兵庫県南西部）国衙領のように、国衙領を冠する所領は見受けられるが、実態は荘園化していた。諸国はすでに守護の統治が及んでおり、実体のある国衙領の再設置など夢の話である。要は、大覚寺統は絵に描いた餅を与えられたようなもので、経済的にも困窮することになる。

この合一により、南朝の勢力を大幅に削ることができたものの、若干の懸念が残った。南朝の子孫による活動は「後南朝」と定義されるが、彼らはたびたび挙兵を企て持明院統天皇家を悩ませることになる。とくに、幕府の敵対勢力に担ぎ出されて正当性の誇示に利用されると厄介であった。

③の盟約により、持明院統に保証された長講堂領は、国衙領とは違って実在性があった。長講堂領とは、もともと後白河天皇（一一二七〜九四）の供養費用を得るための荘園であったが、莫大な荘園群となり、そこからの収入は天皇家の経済的基盤となった。先に述べたように、この荘園群は崇光流の栄仁親王が領有していた。

崇光上皇の崩御と長講堂領の没収

応永五年（一三九八）、崇光上皇が崩御する。さらには、崇光流の天皇候補で、のちに伏見宮家初代となった栄仁も出家し、崇光流の皇位復帰の望みはきわめて困難になった。これをもって、後小松は栄仁がもっていた長講堂領をはじめとした王家所有の荘園群をことごとく収公した。

この事実上の没収は、大覚寺統（南朝）に皇位を渡さないための後小松天皇家（後光厳流）強化策のひとつで、義満のふたつ目の大きなプレゼントとみる論調もある。だが、義満は、この収公にそれほど積極的ではなかったようである。困窮の恐れがあった栄仁には、かつて崇光の皇太子であった直仁親王（一三三五〜九八）の遺領（室町院領）が与えられた。しかし、基盤所領も失い、頼みの栄仁も出家し、崇光流は天皇家から、伏見宮家という一宮家へと転落したのである。

若き後小松は、曾祖父光厳の代から続く南北朝の争いに一応の終止符を打ち、さらに北朝内の崇光流・後光厳流の皇統争いにも決着をつけたことになる。その際、義満は非常に頼れる人物であり、後小松はおおいに甘えた。そのため、義満の権力体の膨張は止まらなかった。

五　二人の性格の違う「室町殿」と相対した後小松

〝法皇〟義満の死と臣下に徹した四代義持

後小松天皇にとって頼れる後援者足利義満は、将軍位を嫡男の足利義持（一三八六～一四二八）へと譲り、朝廷最高位の太政大臣に就くも、すぐに辞して出家した。これで隠居かと思いきや、この出家こそが義満の超越的支配者の誕生であった。義満は、北山（京都市北区）に造営した山荘に移住したことから「北山殿」とよばれるようになる。

この「北山殿」の権力は、天皇家の家長である「治天の君」をも凌駕し、本来は「治天の君」の命令である院宣を実質的に発給できるようになった。院宣などを司る伝奏という「治天の君」の側近を、自身にとっての側近としたのである。義満はまさに〝法皇〟であった。さらに、義満正室の日野康子（一三六九～一四一九）を後小松の准母（天皇の生母と同等の地位を与えられた女性）とし、寵愛する子息の義嗣（一三九四～一四一八）へは親王様式の元服を行わせた。

このような現象の評価として、今谷明は義満による「王権簒奪」とみる（今谷：一九九〇）。だが、近年は別の視点もある。石原比伊呂は、義満と後円融天皇との仲は険悪だったが、後小松と義満の仲はともに楽器をたしなみ共演するなど、すこぶる良好であったとする（石原：二〇二〇）。つまり、後小松は父権者である義満に依存していたという評価である。

しかし、後小松からの王権簒奪か、後小松の過度の義満依存かの答え合わせができぬまま、義満は応永十五年（一四〇八）、病に倒れこの世を去る。その四年後の同十九年、南朝との和約（南北朝合一）を反故にする形で、後小松は自身の皇子躬仁王（称光天皇。一四〇一〜二八）へと譲位する。後南朝方からは伊勢（三重県の北中部および愛知・岐阜県の一部）国司北畠満雅（?〜一四二九）の挙兵などの抵抗はあったが、とりあえずは北朝系の後光厳流を継承することができた。

義満の家督を継いだ義持は、後小松朝廷に対して父とは違う対応をみせる。「治天の君」に匹敵する権力体であった「北山殿」ではなく、あくまで天皇の臣下であり摂関家以上の権力体「室町殿」として、後小松のサポートに徹したのである。

だが、天皇の代替わり時には、代始改元として年号を改めるのだが、「応永」号のまま三十五年間継続されるなど、ぎくしゃくした側面も見いだせる。この不改元の現象を、義持が改元をサボタージュした説や、中国明の「一世一代制」を志向したとの評価もあるが、実証面では確証が取れていない。史料から見いだせるのは、朝廷側から代始改元の発議はあったものの、それが実現されなかったという事実のみである。

不仲ながら、後小松院政を支えた六代義教

義満・義持という足利将軍家の家長（室町殿）を相手に良好な関係を保ってきた後小松だが、六代将軍足利義教（一三九四〜一四四一）との相性は悪かった。

詳しくは本書の第五章を参照していただきたいが、後小松の皇子称光は病弱で皇太子をもうけず崩御したため、皇位が血縁的には崇光流出身の後花園天皇へと移ることになる。

義教は、自身がくじ引きで義満庶子から将軍に就任したように、同じ傍流から天皇の実父となった貞成親王との仲が良好であった。少年天皇の後花園にも、おおいに目をかけた。そのような境遇からなのか、もともとの性格の不一致だったのか、後小松との個人的な仲は険悪そのものであった。だが、義満と後円融の関係同様、個人的な不仲とは別に、義教は後小松院政を精力的に支えた。

おわりに──後小松による三つの遺言

性格の違う三人（義満・義持・義教）の武家の棟梁相手に立ち回った後小松だが、永享五年（一四三三）、五十七歳の生涯を閉じた。その遺言として、彼は以下をあげた。

①貞成への尊号宣下は後光厳流断絶にかかわるからあげてはならぬ。

②仙洞（上皇）御所を貞成の御所にしてはならぬ。

③追号は後小松とするべし。

このうち③だけが守られた。「小松」とは光孝天皇（八三〇～八八七。後小松につながる皇統の祖だからか）の別号小松帝を意識したものである。義教により小松内府（平清盛の嫡男・平重盛）の凶例だとの横やりが入るものの、強力な否決材料とはならずに受け入れられた。

だが、①は残念ながら貞成への尊号宣下（後崇光院・後崇光太上天皇）がなされた。そして、②については、主のいなくなった後小松の仙洞御所は解体され、貴族や寺院へと分け与えられた。後小松にとっては残念ながら、その贈与先のひとつに伏見宮貞成親王も含まれていた。後小松の一生は、室町殿に甘えつづけた人生だったが、最後は満額回答とはならなかったのである。

【主要参考文献】

石原比伊呂『室町時代の将軍家と天皇』（勉誠出版、二〇一五）
同『北朝の天皇─「室町幕府に翻弄された皇統」の実像』（中公新書、二〇二〇）
今谷明『室町の王権─足利義満の王権簒奪計画』（中公新書、一九九〇）
小川剛生『足利義満─公武に君臨した室町将軍』（中公新書、二〇一二）
佐藤進一「室町幕府論」（同『日本中世史論集』所収、岩波書店、一九九〇。初出一九六三）
田中義成『足利時代史』（明治書院、一九二三）

永原慶二『日本中世の社会と国家』（同『永原慶二著作選集』七、吉川弘文館、二〇〇八。初出一九八二）
久水俊和『室町期の朝廷公事と公武関係』（岩田書院、二〇一一）
同『中世天皇家の作法と律令制の残像』（八木書店、二〇二〇）
同・石原比伊呂編『室町・戦国天皇列伝―後醍醐天皇から後陽成天皇まで』（戎光祥出版、二〇二〇）
同「同一の帳簿を用いる「公武共同」の財政構造」（同編『「室町殿」の時代―安定期室町幕府研究の最前線』所収、山川出版社、二〇二一）
松永和浩『室町期公武関係と南北朝内乱』（吉川弘文館、二〇一三）
桃崎有一郎『室町の覇者 足利義満―朝廷と幕府はいかに統一されたか』（ちくま新書、二〇二〇）

【さらに詳しく学びたい読者のために】

①今谷明『室町の王権―足利義満の王権簒奪計画』（中公新書、一九九〇）
②石原比伊呂『北朝の天皇―「室町幕府に翻弄された皇統」の実像』（中公新書、二〇二〇）
③久水俊和・石原比伊呂編『室町・戦国天皇列伝―後醍醐天皇から後陽成天皇まで』（戎光祥出版、二〇二〇）

①は、ある意味名著といってよい。学界内では強烈な批判にさらされるが、足利義満が皇位簒奪を狙っ

ていたとの論調は、今でも学界外で支持を受ける。また、北朝の天皇の個性に注目したという点では斬新であった。

②は、著者の一貫した①への批評はさておき、北朝天皇について実証主義歴史学に基づきしっかりと叙述されている。起こった歴史上の現象は同じなのに、①とこうも評価が分かれるのかと、歴史研究の醍醐味を味わえる。

③は、後円融天皇と後小松天皇についてのエピソードをもう少し詳しく知りたい方にお薦めする。

〈第五章〉

【皇統の正統性――称光・後花園】

伏見宮家出身の後花園は、天皇家の正統なのか？

田村　航

はじめに――「崇光流」皇統と「後光厳流」皇統の角逐

鎌倉時代後期（十三世紀後半）に持明院統と大覚寺統に分裂をした皇統は、十四世紀にはそれぞれ北朝と南朝へと発展をして対立関係にあった。さらに、十四世紀半ばからは、北朝自体もまた「崇光流」皇統と「後光厳流」皇統に分裂をして約百年間にわたる角逐を展開した。

足利尊氏（一三〇五～五八）・直義（一三〇七～五二）兄弟による室町幕府内の内紛（観応の擾乱。一三五〇～五二年）によって、一時南朝が京を奪還して北朝が消滅したことがあった（正平一統。一三五一～五二年）。それにより北朝の崇光天皇（一三三四～九八）が、皇太子である直仁親王（一三三五～九八）とともに南朝の拠点である吉野山の賀名生行宮（奈良県五條市。行宮＝行幸した際の皇居）に幽閉された。

その間、北朝側は北朝再興をめざして光厳上皇（一三一三～六四）の皇子で、崇光の弟である弥仁親王を後光厳天皇（一三三八～七四）として即位させた。本来、皇位継承関係にある崇光と直仁の不在時になされた即位であるため、京都に帰還した崇光は、あらためて自身の皇子である栄仁親王（一三五一～一四一六）の即位を企図したが、実現することはなかった。

その後、皇位は後光厳の血筋が独占したため、栄仁は応永十六年（一四〇九）六月に皇室御料（所領）である伏見（京都市伏見区）に逼塞することとなった（『椿葉記』）。ここにおいて崇光の血筋は、伏見宮として皇位をうかがうようになったのである。

後光厳流の断絶危機と伏見宮貞成親王

室町時代前期（十五世紀前半）は、後光厳の孫後小松上皇（一三七七～一四三三）および曾孫の称光天皇（一四〇一～二八）の治世であり、依然、後光厳流が皇位を独占していた。しかし、称光に後嗣となる男子がいなかったため、後光厳流は断絶の危機に瀕し、伏見宮すなわち崇光流による皇位継承が想定されるようになった。そして、実際に伏見宮家の出身である後花園天皇（一四一九～七一）が即位することとなったのである。

こうした後光厳流の断絶と、それにともなう伏見宮＝崇光流出身者による皇位継承にあたり、鍵となるのが後花園の実父で、栄仁親王の子息である伏見宮貞成親王（一三七二〜一四五六）である。貞成は、「後光厳流」皇統の称光天皇から皇位を狙っている者として嫌忌されたうえ、後花園が継承した同皇統を揺さぶる存在として認識されていた。以下、このことを具体的に確認していこう。

一　後光厳流の異例な皇位継承方法

病気がちな称光天皇と儲君・小川宮

称光天皇（諱は躬仁、のちに実仁）は後小松天皇の第一皇子であり、応永十八年（一四一一）十一月に「親王宣下」を受けてから元服をし、翌年八月に後小松の譲位を受けて践祚、応永二十一年十二月に即位した（『看聞日記別記』応永二十一年十二月十九日条）。もともと践祚と即位は同義であったが、平安時代初期の桓武天皇（七三七〜八〇六）が践祚と即位を別個に行ってから以降、前者は皇位の継承、後者はそれを諸神や皇祖に告げ、天下万民に宣布することを指すようになった。

父の後小松上皇の院政のもと、称光天皇は病気がちであり、とくに応永二十九年六月から十二月にかけての病は、「諸医捨て申す」と記載されるほど重いものであった（『看聞日記』応永二十九年七月六日条）。しかも、称光は後継の男子にも恵まれなかったため、実弟である小川宮（一四〇四〜二五）が儲君に据えられた（『薩戒記』応永三十二年二月十六日条）。儲君とは、親王でも皇太子でもない皇位継承予定者のことである。

　小川宮の儲君としての立場は、後光厳流で代々なされてきた異例の皇位継承方法に由来する。

ライバルに引け目を感じる後光厳流

　観応三年（一三五二）八月、称光の曾祖父後光厳の践祚は、南朝側が「三種の神器」を保持していたこと、二人の上皇（光厳・光明）も南朝に拉致され不在であったため、光厳の父後伏見上皇（一二八八～一三三六）の女御で、後光厳の祖母である広義門院（西園寺寧子。一二九二～一三五七）が「治天の君」（天皇家の家長）として譲国（譲位）をするという異例のものであった（『園太暦』観応三年八月十七日条）。

　後光厳の子息後円融天皇（一三五九～九三）の場合は、応安四年（一三七一）三月二十一日に、二日後の譲位を見据えて「親王宣下」を受け、同じ日に譲位と元服を行う「新儀」（先例・規範のない儀礼）がなされた（『迎陽記』応安四年三月二十三日条）。

　後円融子息の後小松天皇の場合は永徳二年（一三八二）四月に践祚をしたが、「親王宣下」および立太子の儀がないという異例のものであった（『左大史小槻兼治記』永徳二年四月十一日条）。

　小川宮の場合は、実質的には称光の皇太弟でありながら、その立場が制度的な裏づけのない非公式なものであったのは、後光厳流では皇太子を立ててこなかった措置を承けてのことである。

後光厳流はこうした異例の皇位継承方法のゆえに、ライバルの崇光流に対しては引け目を感じていたという（桜井：二〇〇一、村井：二〇〇三）。

二　称光天皇と伏見宮貞成の確執

小川宮の病没と称光天皇の出奔

こうした背景のもと、称光は伏見宮＝崇光流の貞成王に対抗意識をいだいた。貞成は栄仁親王の第二王子であり、応永十八年（一四一一）四月以来、伏見で逼塞していたが（『看聞日記別記』応永十八年四月四日条、『看聞日記』同二十三年十一月二十日条）、応永三十二年に転機を迎える。

同年の二月には、小川宮が翌月に元服を予定していたのにもかかわらず、病没をしたため（『看聞日記』応永三十二年二月十六日条）、後光厳流は皇位の後継者を失う事態に直面した。

四月には後円融の三十三回忌の「宸筆御八講」（天皇が書写した『法華経』を八回に分けて講説する法会）に際して、貞成は『法華経』第五巻と『阿弥陀経』の書写を分担したが、「無官」すなわち肩書がないのは体裁が悪いため、後小松に「親王宣下」を申請したところ、許可が下りたのであった（『椿葉記』）。

崇光天皇の直孫である貞成は二世王であるため、「親王宣下」を受けるためには上皇なり天皇なりの猶子（家格を継承する擬制上の子）になる必要があった。そこで貞成は後小松の猶子として「親王宣下」を受けたが、六月にこれが物議をかもすこととなった。

六月二十八日、称光は広橋兼宣（一三六六〜一四二九）に牛車の差配を命じて、突然内裏を出奔しようとした。しかし、伝奏として朝廷と室町殿（足利将軍家家督）の仲介役を担っていた兼宣は、このことを四代将軍の足利義持（一三八六〜一四二八）に伝えたところ、義持は参籠中であった北野社（北野天満宮。京都市上京区）から駆けつけて称光を引きとめた。この間、禁中は警固の武士で騒然となっていた。

貞成王の「親王宣下」と称光天皇の思い込み

称光がこのような挙にでた理由はふたつある。

ひとつは称光が内裏に琵琶法師を招じ入れて『平家物語』を語らせようとしたところ、後小松上皇に制止されたからである。そもそも琵琶法師のような芸能民は内裏に入ることはできないが、称光はその一方で、後小松が上皇の御所である仙洞に、幸末佐のような芸能者を昇殿させて身辺に侍らせているのは筋が通らないと主張し、両者は仲違いをしたのである（『薩戒記』応永三十二年〔一四二五〕六月二十七日条）。

もうひとつは、貞成が「親王宣下」を受けたからであった。称光は後光厳流の後嗣がとだえたため、後小松が貞成を猶子に迎えて、貞成を称光に次ぐ天皇にすると思い込んだのである。そして貞成が天皇になるのであれば、称光自身は皇位にとどまる必要はないとまでいいだした（『薩戒記』応永三十二年六月二十八日条、『看聞日記』同年閏六月一日・三日条）。

この事態を収束させるため、後小松は貞成に出家を勧めた。出家をすれば、まず即位をする可能性がなくなり、称光の疑念を回避できるからである。かくして貞成は、七月五日に出家をすることとなった。法名は道欽である。

皇位継承者は、彦仁王でほぼ確定

後小松は貞成に出家を勧めるにあたり、ある種の交換条件として、貞成の第一王子である彦仁王（のちの後花園天皇）を即位させることをほのめかした。以前から彦仁は皇位継承の有力候補者と目されていたらしく、称光が前述の病に伏していたときに、義持が後小松に彦仁の年齢を確認しているのも、その徴証と思われる（『看聞日記』応永二十九年（一四二二）八月五日条）。

小川宮が没し、貞成が出家をした直後も同様であった。称光がまた病に伏したため、義持は相国寺鹿苑院主の厳中周噩（一三五九〜一四二八）をとおして貞成の異母弟である用健周乾（一三七六〜一四三一）に彦仁の年齢をはじめ、さまざまな事柄について尋ねた。これに基づいて公武でなされた評定の結果、後南朝が所望する南朝皇胤の即位を斥けて、彦仁の皇位継承がほぼ確定した（『看聞日記』応永三十二年七月二十八日・二十九日条）。

称光は貞成が即位する余地を排除したとはいえ、伏見宮＝崇光流から皇位継承の候補者がでてきたのであるから、その疑念はけっして見当はずれのものではなかったのである。

三　後花園天皇の即位と皇統問題の決着へ

後光厳流と崇光流の間を揺れ動く

正長元年（一四二八）七月に称光天皇はまたもや病に倒れ、二十日未明に病没した。臨終にあたっては、清浄華院（浄土宗。正親町・烏丸〔京都市上京区〕）の住持である等熙（一三九六～一四六二）が、称光に念仏を勧めて安らかな最期を迎えさせた（『兼宣公記』正長元年七月十九日条）。等熙は後小松上皇の近臣である万里小路時房（一三九五～一四五七）の「縁人」＝弟であり、称光の「御善知識」（仏法の師）であった（『薩戒記』応永三十二年〔一四二五〕七月二十八日条、松誉巌的〔一六五〇～一七一三?〕『浄土列祖伝』三）。

称光の病没を受けて、彦仁王は七月二十八日に践祚した。後花園天皇である。後花園は後小松の猶子として践祚したので、「後光厳流」皇統の継承者ということになるが、このことについては「所詮他流の継体なり」と記載されるように（『大乗院日記目録』正長元年七月二十八日条）、後花園は「崇光流」皇統の継承者とも認識されていたのである。

そのため、後花園の皇統を問いなおす事態がしばしば出来した。

たとえば、永享五年（一四三三）十月の後小松の死没にあたり、後花園がそれに対して一年間服喪する諒闇を実施するべきか否かが問われた。諒闇を実施すれば、後花園は後小松の子として後光厳流の継承者ということになるが、諒闇を実施しなければ、後花園は後光厳流ではなく、生家の崇光流の継承者であることを公示することになるのであった。

神慮によって皇統継承者を確定する

このような問題が生じたのは、後花園を崇光流の継承者と見なす向きがあったからであるが、摂政である二条持基（一三九〇～一四四五）の提案により、当時神慮のあらわれと考えられていた籤がとられ、諒闇を実施することが決定された。かくして後花園は後光厳流の継承者であることが確定したのである。

しかし、室町幕府の六代将軍である足利義教（一三九四～一四四一）が、貞成親王を後花園の実父として遇しつづけたため、後花園は崇光流から脱却できたわけではなかった。この状況は義教の没後も変わることはなく、文安四年（一四四七）十一月の貞成に対する太上天皇（上皇）の「尊号宣下」

においても同様であった。

従前の研究においては、貞成の「尊号宣下」（後崇光院）により、皇統が後光厳流から崇光流に回帰したと理解され（村田：一九四四・一九五九、横井：一九七九）、かつて筆者も同様の立場をとったが（田村：二〇一〇・二〇一四・二〇一六）、久水俊和からの批判に鑑みつつ（久水：二〇一五・二〇一七）、近年の研究成果もふまえて（末柄：二〇一二）、現在はこの立場をとっていない。

貞成は永享二年（一四三〇）四月以来、「尊号宣下」を所望していたが（石田：二〇一七）、具体化するのは、文安二年（一四四五）六月に自身の第二王子である貞常王（一四二六〜七四）が元服を終え、「親王宣下」を受けることで伏見宮の存続が確定してからであった。

後花園が、貞成の「尊号宣下」に関して廷臣たちに諮問をした際、関白の近衛房嗣（一四〇二〜八八）と太政大臣の一条兼良（一四〇二〜八一）が全面的に賛成をしたのに対して、万里小路時房は、後小松と後花園の「御父子の御契約」を遵守するために、貞成を後花園の父ではなく「他人」として「尊号宣下」をするべきであると主張した（『建内記』文安四年三月二十三日条）。

後花園自身が、後光厳流の継承者であることを明示

こうした状況のもと、儒学者の唐橋在治（一四一四〜八九）が「尊号宣下」の詔書（天皇の命令を直接下達する公文書）を起草するにあたり、貞成を後花園の「厳親」＝父親とするものと、後花園の

「傍親」＝傍系親族とするものとの、二種類の詔書を準備して叡慮（天皇の意向）を仰いだところ、後花園は後者を採択したのである（『師郷記』文安四年〔一四四七〕十一月二十七日条）。

この場合の「傍親」とは、貞成が康正二年（一四五六）八月に没した際に、後花園が貞成を「御兄弟の分」として葬礼を挙行したことと（山科顕言『禁裏御錫紵之事、同若宮御方御軽服御服之事』）、貞成が後小松の猶子として「親王宣下」を受けたことに鑑みて、兄のことを指すのであろう。貞成の「尊号宣下」は、「他人」として行うべきであるとの時房の主張は容れられなかったが、後花園は貞成を父親としてではなく、兄として「尊号宣下」をすることにより、後小松の猶子としての立場を堅持して、自身が後光厳流の継承者であることを明示したのである。

後花園が、寛正三年〔一四六二〕八月に称光の最期を看取った等熙に、浄土宗の僧侶として初めて「仏立慧照国師」という国師号（朝廷から高僧に贈る称号）を贈ったのも（『諸宗勅号記』）、擬制上の兄に対する礼であり、自身が後光厳流の継承者であるという自覚によるものなのであろう。

なお、このとき奉行（担当者）を務めたのが町広光（一四四四〜一五〇四）であり（『実隆公記』長享二年〔一四八八〕八月十五日条）、国立歴史民俗博物館（千葉県佐倉市）で所蔵している『広橋家旧蔵記録文書典籍類』の「守光公雑記　下」に、「浄土門国師号の事」として広光自身の記載した関連史料が確認できる。

四　北朝系皇統の融和と「後南朝」の脅威

まだ、不安定・相対的だった皇統

一方、伏見宮＝崇光流は、世襲親王家として代々の当主が天皇の猶子として「親王宣下」を受ける措置がとられ、万が一皇嗣が断絶した際の備えとして温存されることとなった。かくして、崇光流と後光厳流の百年来の角逐が解消されたのである。

このように北朝において分裂した皇統は融和をするようになったが、皇位はけっして安定的であったとはいえず、絶えずその皇位を奪還しようとする動きが出来した点では、まだ皇位が相対的なものであったことがわかる。

後小松天皇の在位中、明徳三年（一三九二）十月、三代将軍の足利義満（一三五八～一四〇八）の斡旋で六十年対立していた南朝と北朝が、双方の迭立（交互に即位すること）により皇位を継承するとの条件で和解したが（「南北朝合一」）、義満の没後にそれは履行されることはなく、皇位は北朝の後光厳流で独占されてしまった。

そのため称光の危篤と後花園の践祚にあたっては、南朝の後亀山天皇（一三五〇?～一四二四）の孫である小倉宮聖承（一四〇六?～四三）が、伊勢（三重県東部）国司の北畠満雅（?～一四二九）に擁されて蜂起をした。

さらに後花園天皇の在位中、嘉吉三年（一四四三）九月には、南朝皇胤の通蔵主（一四二九?～四三）と金蔵主（?～一四四三）を擁した「後南朝」が内裏を襲撃し、「三種の神器」の神璽を強奪する「禁闕の変」が勃発した。

そして、「応仁・文明の乱」（一四六七～七七年）では、東軍の後花園上皇と子息の後土御門天皇（一四四二～一五〇〇）に対抗して、西軍は南朝の後村上天皇（一三二八～六八）の末裔で十八歳の「小倉宮の御息」を「新主上」として迎えた（『大乗院寺社雑事記』文明三年〔一四七一〕閏八月九日条）。この「新主上」擁立に尽力した日尊（?～一四七〇）は後醍醐天皇（一二八八～一三三九）の血筋とされ、文明二年（一四七〇）十二月の処刑直後に後花園に祟りをなし、死に至らしめたという（『同』文明三年閏八月十六日条）。後花園は後光厳流と崇光流の融和に苦慮した一方で、践祚から死去まで終生「後南朝」の脅威に晒されていたのである。

おわりに——天皇家における「正統」とは何か?

河内祥輔によれば、「正統」とは天皇家における「父子一系の血統」のことであり（河内：二〇〇三）、この血統に連ならないのであれば、たとえ即位をしたとしても「正統」とは見なされなかったのである。この説にしたがえば、後花園天皇は崇光流の血統に連なりながらも、その皇統を継承せず、直接の血統にはない後光厳流の皇統を継承したため、「正統」とはいえなくなってくる。

実際、伏見宮貞成親王は、後花園天皇に崇光流の正統性を訴えるために、同宮家の家譜『椿葉記』を著し、その執筆当初は、後花園の践祚で以て崇光流の再興が叶ったとしていた（永享四年〔一四三二〕）。しかし改稿を重ねていくうちに、自身の「尊号宣下」をとおして後花園が崇光流の継承者になることを懇願するようになってくる（永享六年）。

こうした変化が生じたのは、永享五年の後小松上皇の死没により、後花園が後光厳流の継承者に収まったからであろう。貞成は「尊号宣下」の希望を達成することはできたが、すでに本稿でふれたように、後花園の崇光流の継承は実現しなかった。

皇祖・天照大神と結びつく「正統」性

ただし、伏見宮の近臣である庭田経有（一三四二〜一四一二）が、皇位から排斥された伏見宮＝崇光流と、栄仁親王を「天照太神以来一流の御正統」と記載する一方（「庭田経有日記」応永五年〔一三九八〕五月二十六日条）、北畠親房（一二九三〜一三五四）が『神皇正統記』で後村上天皇を「天照太神ヨリコノカタノ正統ヲウケマシ〳〵ヌレバ」と記載するように、遠く隔たる皇祖である天照大神と結びつけさえすれば、北朝・南朝の別を問わず、それどころか、皇位に就いていなくても「正統」たりえたのであった。

ここに、当該期の皇位や皇統が、相対的なものだった事情の一端が求められるであろう。後花園は崇光流を継承しなかった点では、父子一系の「正統」でなくなってしまうが、天照大神と結びつければ「正統」と称することもできたはずなのである。

【主要参考文献】

石田実洋「『椿葉記』と國學院大學図書館所蔵『崇光院大嘗会』」（『國史學』二二一号、二〇一七）
石原比伊呂『北朝の天皇―「室町幕府に翻弄された皇統」の実像』（中公新書、二〇二〇）
今谷明『戦国大名と天皇―室町幕府の解体と王権の逆襲』（講談社学術文庫、二〇〇一。初出は福武ブックス、一九九二）
小川剛生「伏見宮家の成立―貞成親王と貞常親王」（松岡心平編『看聞日記と中世文化』所収、森話社、二〇〇九）
河内祥輔『中世の天皇観』（日本史リブレット、山川出版社、二〇〇三）
桜井英治『室町人の精神』（日本の歴史12、講談社学術文庫、二〇〇九。初出二〇〇一）
末柄豊「「十三絃道の御文書」のゆくえ」（『日本音楽史研究』八号、二〇一二）
髙鳥廉「称光天皇―病への不安、父への葛藤」（久水俊和・石原比伊呂編『室町・戦国天皇列伝』所収、戎光祥出版、二〇二〇）

田村航「禁闕の変における日野有光―後光厳院流と崇光院流の確執」(『日本歴史』七五一号、二〇一〇)
同「貞成親王と和気茂成―伏見宮の連歌会から」(『藝能史研究』二〇五号、二〇一四)
同「揺れる後花園天皇―治罰綸旨の復活をめぐって」(『日本歴史』八一八号、二〇一六)
同「伏見宮貞成親王の尊号宣下―後光厳院流皇統と崇光院流皇統の融和」(『史学雑誌』一二七編十一号、二〇一八)
同「後花園天皇―後光厳流か、崇光流か」(前掲『室町・戦国天皇列伝』所収)
新田一郎「継承の論理―南朝と北朝」(『岩波講座　天皇と王権を考える』第二巻・統治と権力、岩波書店、二〇〇二)
同「「古典」としての天皇」(天皇の歴史4、河内祥輔・新田一郎『天皇と中世の武家』所収、講談社学術文庫、二〇一八。初出二〇一一)
秦野裕介「室町時代における天皇論―室町時代の皇族による「正統」思想」(『日本思想史研究会会報』三五号、二〇一九)
同「禁闕の変再考」(『十六世紀史論叢』11号、二〇一九)
同「伏見宮家領における鮭昆布公事についての基礎的考察―一五世紀における鮭の流通状況のための試論」(『研究論集　歴史と文化』4号、二〇一九)
同「後花園天皇と貞成親王の関係についての基礎的考察」(『研究論集　歴史と文化』5号、二〇一九)

同『乱世の天皇―観応の擾乱から応仁の乱まで』（東京堂出版、二〇二〇）
久水俊和「改元と仏事からみる皇統意識」（同『室町期の朝廷公事と公武関係』所収、岩田書院、二〇一一。初出二〇〇九）
同「「天皇家」の追善仏事と皇統意識」（同『中世天皇家の作法と律令制の残像』所収、八木書店、二〇二〇。初出二〇一五）
同「後花園天皇をめぐる皇統解釈」（同前。初出二〇一七）
村井章介『分裂する王権と社会』（日本の中世10、中央公論新社、二〇〇三）
村田正志「後小松天皇の御遺詔」（『村田正志著作集』第二巻、思文閣出版、一九八三。初出一九四四）
同『南北朝論―史実と思想』（『村田正志著作集』第三巻、思文閣出版、一九八三。初出一九五九）
横井清『室町時代の一皇族の生涯―『看聞日記』の世界』（講談社学術文庫、二〇〇二。初出はそしえて、一九七九）

【さらに詳しく学びたい読者のために】

①桃崎有一郎『室町の覇者　足利義満―朝廷と幕府はいかに統一されたか』（ちくま新書、二〇二〇）
②末柄豊『戦国時代の天皇』（日本史リブレット、山川出版社、二〇一八）
③村田正志『證註椿葉記』（『村田正志著作集』第四巻、思文閣出版、一九八四。初出一九五四）

①は、題名に「足利義満」と掲げているが、後半では足利義教と後花園天皇についても論じている。ことに後花園が行った「本朝書籍（しょじゃく）」すなわち和書の蒐集（しゅうしゅう）に関するくだりは、後花園が展開した文化事業のひとつとして注目すべきである。後花園と儒学との関係も重要な論点である。

②は、後花園天皇の譲位後における仙洞の御料所や、後花園の詠歌が「応仁・文明の乱」後に市中で売られていたことなど、本稿でふれえなかった事柄と、世襲親王家としての伏見宮＝「崇光流」皇統について取りあげているうえ、後花園の子息後土御門天皇以降の北朝天皇がどのようになっていったのかも確認できる。

③は史料であるが、北朝の「崇光流」皇統と「後光厳流」皇統への分裂から後花園天皇の即位までの流れが理解できるうえ、関連史料を網羅した詳密な注釈も参考になる。

＊本稿は、国立歴史民俗博物館における二〇二〇〜二二年度共同研究「『広橋家旧蔵記録文書典籍類』を素材とする中世公家の家蔵史料群に関する研究」（研究代表者・家永遵嗣）に負うところがある。（本稿著者）

第Ⅱ部

北朝を支えた足利将軍と廷臣

〈第六章〉

【足利将軍①――尊氏・義詮・義満】

北朝は、室町幕府の〃傀儡政権〃だったのか？

水野智之

はじめに――研究史でたどる北朝と幕府の力関係

足利尊氏（一三〇五〜五八）は後醍醐天皇（一二八八〜一三三九）方に対抗するため、持明院統の天皇を擁立した。のちの北朝とそれを支えた初期室町幕府は、どのような政権としてとらえられるのか。本稿では、室町幕府の初代将軍に就任した足利尊氏から三代将軍の足利義満（一三五八〜一四〇八）の執政期にかけて、戦後七十余年にわたる研究史をたどりながら、北朝（天皇、上皇）と幕府（足利将軍）の関係や両者によって構成される政権の実像をめぐって、私見を述べることにしたい。

一　一九六〇年代までの「北朝と幕府」の研究動向

戦前と変わらない「北朝＝傀儡政権」認識

南北朝時代（十四世紀）の研究は、戦前まで後醍醐天皇をはじめとする、南朝方の動向が注目された。明治四十四年（一九一一）のいわゆる「南北朝正閏（せいじゅん）」問題の帰結として南朝方が正統とされ、歴史教育ではその影響が強く及んだ。「正閏論」の詳細は、本書の第十二章を参照されたい。

当時、研究上では広く「南北朝」という記述がなされ、学問の自由は保障されていたが、「南北朝」を声高に唱えることは憚（はばか）られる雰囲気があった（田中：一九二二）。南朝や足利尊氏の評価などには、時代の影響が少なからず及んでおり、南北朝期の研究はおもに足利氏の幕府と後醍醐天皇をはじめとする南朝勢力との対抗、という見方を主軸に進められていた。幕府が支えた北朝は、研究の対象としてはあまり注目されなかったといってよい。

戦後、南朝研究が下火になるとともに、幕府研究が進展した。佐藤進一（一九一六～二〇一七）は室町幕府の動向を扱い、「公家の公権の実質的部分を形骸化し去り、結局公家政権に終止符を打つという過程」を見通した（佐藤：一九四九）。

佐藤はのちに、その過程を具体的に示し、朝廷のもつ刑事裁判権や民事裁判権、そして京都市政権が、しだいに幕府によって遂行されるようになったことを明らかにした（佐藤：一九六三）。それにより、南北朝期の武士勢力の強まりと相まって、幕府が北朝の権限を獲得し、北朝はしだいに権力を弱めていく存在であるとの認識が定着した。

その後、室町幕府の訴訟制度や検断（刑事犯人の検挙・刑事裁判、治安維持）、財政機構などに関する研究は進んだが、一九六〇年代までは北朝の研究は低調であった。北朝は、「暦応雑訴法」（暦応三年〔一三四〇〕北朝で出された公家訴訟法。本書の第二章を参照）を定めて文殿（訴訟機関）での裁判を実施し、一定の政治権力をもっていたと指摘されつつも、衰退の一路をたどったと説明されている（佐藤：一九六五）。

また、持明院統の光厳天皇（一三一三～六四）の評伝が著されたりしたが（中村：一九六一）、同書の趣旨は、光厳を政治的主体性や実権を備えた政権の統治者などと説明しているわけではないように見受けられる。そのため、北朝は幕府によって擁立された傀儡政権であるという認識は、戦前とさほど変わらなかったと思われる。

二　一九七〇年代以降の「北朝と幕府」の研究動向①

北朝研究への注目と訴訟制度研究の進展

幕府権力の伸長と北朝衰退の見方が定説となる一方で、一九七〇年代から八〇年代にかけては、北朝が注目されはじめ、その訴訟制度や政務機構の研究の着手・進展がみられた。

伊藤喜良は、幕府が北朝に執奏（取り次いで奏上）する動向を探るうえで、北朝の訴訟制度に関する橋本義彦による鎌倉期の公家裁判機構の研究（橋本：一九六七）に注目し、南北朝期の文殿や院評定の様子を明らかにした（伊藤：一九七四）。また、光厳院政下（一三三三〜五一年）およびそれ以降の政務の実態や、「暦応雑訴法」に基づく訴訟制度のありようは、森茂暁によって具体的に解明された（森：一九八四）。その訴訟制度の詳細については本書の第二章を参照されたい。

また、伝奏（武家からの奏上を天皇または上皇に伝える役職）の動向から、公武関係を探る研究も進んだ。この点は次節で述べるが、こうした研究成果により、北朝がまったくの傀儡政権であるという、従来の認識は少しずつ改められていった。

「権門体制論」の登場と「権限吸収論」

北朝研究の進展した背景には、黒田俊雄（一九二六〜九三）の「権門体制論」（公家・寺社・武家による相互補完的な支配体制）の提起により（黒田：一九六三）、寺社勢力とともに、公家つまり執政に携わる貴族や朝廷の制度などについての関心が高まったことが考えられる。

また、笠松宏至は、南北朝時代の公武関係への関心の中心は幕府と南朝との軍事的・政治的対立関係に集中し、幕府と北朝の関係はほとんど顧みられることがなかったと指摘した（笠松：一九六九）。それにより、逆に幕府と北朝の関係が研究課題として意識されたことも挙げられる（森：一九八四）。これらのことから、北朝のありようや幕府との関係は、重要な研究対象として認識されるようになった。ただし、北朝と幕府の関係でいえば、多くの成果は幕府が北朝の権力（権限）を吸収する論旨に沿ったものであった（「権限吸収論」。後述）。また、幕府が朝廷（あるいは院）に執奏することを扱う研究も、武家が訴訟で実質的な裁決権を得た過程を解明する内容であった。

そして、武家が執奏をせず、武家文書で裁判権を行使する動向、つまり公家裁判が実施されなくなる点にも関心が寄せられていた。当時は、そうした側面を評価する研究段階にあった。

三　一九七〇年代以降の「北朝と幕府」の研究動向②

伝奏研究と「公武統一政権論」の提起

一九七〇年代には、伝奏の動向に関する研究も進展した。

伊藤喜良は、これまで上皇や天皇への取り次ぎをしていた伝奏が、足利義満の出家（一三九五年）以降には義満の仰せを受けて奉書を発給し、義満政権内で王朝勢力の権益を擁護する活動をしていたことを解明した（伊藤：一九七三）。伊藤は、義満としては自らの立脚基盤である幕府権力と、いまだ残存している王朝権力の両方をもって支配を貫徹していたのではないか、との見解を提示した。

富田正弘は、天皇（上皇）、将軍による祈禱（陰陽道や仏教による御修法。天下静謐、戦勝、天変・変異、病気平癒などを目的とする）と、その指示や実施に携わる伝奏の動向を分析された。伝奏は室町殿（足利家の家長）の意向をうけて職事（蔵人）など、公家権力の機構を通じて、政務の遂行にかかわっていたことが明らかになった（富田：一九七九）。

天変などの変異に対処する祈禱は、北山時代（十四世紀末〜十五世紀初め）の義満が多く開催したことから、国家的な祈禱権が朝廷から幕府に移ったと見なされた。さらに、室町殿による公家政権の支配とは「丸抱え的な、伝奏と伝奏奉書による「院政」的な支配であった」と理解された。幕府はそのようにして朝廷を取り込み、室町殿がいわゆる王権をもって頂点に位置した政権とみて、富田はそれを「公武統一政権」と名づけた。

すでに田沼睦（一九三五〜二〇二一）も同様の見方を示しており（田沼：一九七五）、当時、このような見方は広く認められていたように思う。

室町殿が公家衆を支配する実態を解明

伝奏は朝廷と幕府の関係を探るうえで、重要な存在と見なされてさらに研究が進んだ。

森茂暁は、武家執奏（公家と幕府との間を取り次ぐ役職）の役割を担っていた西園寺氏の活動が、永徳年間（一三八一〜八四年）には確認できなくなることを明らかにした（森：一九八四）。また、小川信（一九二〇～二〇〇四）は義満の発する御判御教書と義満の意向を伝える伝奏奉書を比較し、伝奏奉書のほうが御判御教書と比較して私的な役割を担っており、正式で公的な文書としては、御判御教書が用いられていたことを明らかにした（小川：一九七九）が、今谷明は伝奏奉書を「国王御教書」とし、上皇（治天の君）に代わる「国王」すなわち義満の発する文書と評価した（今谷：一九九〇）。

家永遵嗣は、伝奏に対する室町殿の命令権は、公家衆を将軍家の家礼（家に仕える従者）や家司（家政を担う従者）にしたことからもたらされたと説明した（家永：一九九五）。これにより、室町殿が公家衆を支配する実態の研究は、いっそう進んでいくことになる。

四　二〇〇〇年代の「北朝と幕府」の研究動向

「公武統一政権論」に対する「公武政権論」の提起

北朝と幕府の政権について「公武統一政権」という理解が進むなか、筆者は公武関係の多様なあり方を総体的にとらえる試みを行った（水野：二〇〇二）。

その考え方の基本は、当時の国家を「将軍・管領・守護・天皇（院）・摂関」権力の連関からとらえるべきとし、将軍権力がきわまったかにみえる時期でも、天皇の国家的支配権は維持されており、将軍と天皇・関白は対立しつつも、共同して国家的公権を行使していたと位置づけた。

これによって、出家後の義満執政期（一三九五～一四〇八年）でも、天皇を頂点とする国制的な支配秩序ないし機構が機能する場があったこと、当時の関白（あるいは前関白）は義満の動向を掌握しており、その承認のもとに政務が執り行われていたのではないかと見通した。そのありようは「公武統一政権論」とは異なった政権像であり、また朝廷と幕府は「統一」しないという伊藤喜良の指摘（伊藤：一九九七）をふまえて、「公武政権」と命名した（水野：二〇〇八）。

「公武統一政権論」では義満以降の室町殿が王権の保持者とみるが、筆者の「公武政権論」では天皇が王権の保持者とみる。この「公武政権論」は、朝廷（北朝）の公的で国家的な機能を重視し、〝公武両政権の連関的な国家機構〟という見方をとっており、従来の認識とは大きく異なるものと考える。このような研究により、朝廷・院（天皇、上皇）と幕府（室町殿）をどのように把握すべきか、そうした議論・研究はいっそう活発になった。

根強く続く佐藤進一の「権限吸収論」

松永和浩は、朝廷儀礼の費用に充てる公事用途（くじようと）の調達について、南北朝前期（十四世紀前半）では鎌倉期以来の武家による「御訪（おとぶらい）」（幕府の好意による見舞い金＝贈与金）方式であったが、観応（かんのう）の擾乱（じょうらん）（一三五〇～五二年）による混乱から北朝を再建する過程を経て、幕府が段銭（たんせん）（一反あたりにかける税）を賦課（ふか）する体制に変化したことを明らかにした（松永：二〇〇六）。

そこでは、幕府が北朝権力を吸収する動向も、内乱の影響によるものであり、とくに「観応の擾乱」後の北朝の政務復興や天皇権威の高揚を図るため、幕府が積極的に北朝の権限に介入した様相が説かれた。

一方、佐藤進一の「幕府論」、つまり幕府による朝廷の「権限吸収論」への批判も展開された。それは、早島大祐（早島：二〇〇六）や松永和浩の研究（松永：二〇〇七）に詳しい。しかし、これらは北朝を支える幕府の動向を説いているが、北朝権力自体が衰退して幕府が代行したと見なすなど、公武関係のありようとしては幕府の実権を重視しており、結果的には佐藤の「幕府論」と近い見方であったといえる。

富田正弘の「公武統一政権論」により、室町殿を王権の保持者として捉える認識は広まったが、後円融上皇（一三五九〜九三）までは「治天の君」が王権の保持者であった、との理解に基づく具体的な様相はあまり叙述されず、「幕府論」の観点から北朝に言及する研究が多いように見受けられる。それゆえ、佐藤の「幕府論」と同様の認識は、現在でもなお根強く続いている。

五　二〇一〇年代以降の「北朝と幕府」の研究動向①

解明されつつある光厳上皇の政権構想と主体性

北朝は、幕府の動向に左右される受動的な存在として説かれてきたが、近年の研究では、皇位継承に関する光厳上皇（後円融の祖父）の構想に政治的な主体性を読み取ったり、北朝の政務が積極的に実施されていたりしたことが解明されつつある。

家永遵嗣によると、建武三年（一三三六）の時点で、足利尊氏は両統迭立の考えであり、後醍醐天皇・光厳上皇・足利尊氏の三者による連合体制を構築しようとした。そのために光明天皇（光厳の弟。一三二一～八〇）の東宮（皇太子）は後醍醐天皇の皇子成良（一三二六～四四）が立てられたという。

後醍醐天皇が吉野（奈良県南部）へ向かってもすぐに東宮は代えられず、建武五年八月になって光厳上皇の第一皇子の益仁（その後、興仁に改名。のちの崇光天皇。一三三四～九八）が立坊（跡継ぎとして立太子となる）した。康永二年（一三四三）四月には、光厳上皇は叔父の花園上皇（一二九七～一三四八）の皇子直仁（じつは光厳上皇の子）を崇光の皇太子となるよう定めた。

直仁の立太子は、足利尊氏を持明院統（北朝）の支持に固定化するための光厳上皇の戦略であったという。つまり、直仁の生母宣光門院（正親町実子。一二九七～一三六〇）の兄である正親町公蔭（一二九七～一三六〇）が、北条一門の赤橋久時（一二七二～一三〇七）の娘種子を妻としていた姻戚関係に基づき、同じく久時の娘登子（一三〇六～六五）を正妻とする足利尊氏に、〝天皇の親族〟という位置づけを与えることが重要だったのである（家永：二〇一六）。

その戦略は、「観応の擾乱」後の後光厳天皇（崇光の弟。一三三八～七四）の擁立と相まって、のちの公武関係にも影響が及んだ。皇位継承をめぐる北朝・幕府の思惑については、本書の第三章を参照されたい。

北朝・幕府による貞和の「公武徳政」

また、足利尊氏・直義（一三〇七～五二）の二頭政治期（一三三八～五〇年）に、いわば「三条殿体制」ともよばれる直義の主導のもと（亀田：二〇一六）、北朝と幕府は朝廷儀礼の費用に充てる公事用途を調達するために連携して政務を行っていた。

直義は光厳上皇と親しい関係にあり、貞和年間（一三四五～五〇年）には北朝・幕府ともに「徳政」が展開された（田中：二〇一〇・二〇一八）。幕府は南朝との戦いで軍事的優位になると、兵粮料所の措置を解除して荘園を荘園領主に返付している。暦応年間（一三三八～四二年）以降は武士らに、寺社本所領の押領を頻繁に禁じるようになった。また、貞和二年（一三四六）には「故戦防戦法」を発して、在地での実力行使を禁じて荘園の押領を抑えようとした。

北朝も「暦応雑訴法」を制定して訴訟制度を整え、康永元年（一三四二）には一条経通（一三一八

～六五）が六カ条の徳政策を光厳上皇に進言し、同年七月に幕府の要請をうけて「沽価法」（物品の売買・貢納における公定価格・換算率を定めた法律）の実施を検討している。貞和二年には、北朝で「過差禁制」（身分相応以上の服装を着用する行為の禁止）が定められるなど、政道の興行が図られた。

このように貞和年間には、北朝と幕府は協調して「徳政」を実施した。

北朝研究の中心的な課題は未解決

こうした「徳政」は、光明天皇、光厳上皇、足利直義に共通する撫民（民をいたわる）意識から、朝廷・幕府がともに鎌倉時代以来のありようを継承していくべきとする、政治規範を紐帯するものであったという。

しかし、観応の擾乱で足利直義が没落し、光厳上皇も南朝方に拉致され、光厳院政を停止させられると、公武の「徳政」は頓挫した。内乱がもたらした予期しえない出来事によって、政務は停滞したが、北朝の政務において光厳上皇の主体的な活動が解明されたことは注目される。

ただし、足利直義と光厳上皇の関係では、『太平記』巻二十三「上皇御願文」に直義が北朝の上皇・天皇・廷臣らを保護する存在として描かれている内容に基づき、直義の存在が重視されている。

そして二代将軍足利義詮（一三三〇～六七）の公家社会内部への関与、三代将軍足利義満のいわゆる公家化によってさらなる介入が強まっていき、室町殿を上皇・天皇の上位におく「公武統一政権論」

が展望される傾向にある。

富田正弘によれば、貞和年間のいわゆる王権の所在は、光厳上皇にあると説かれたが、実際のところ、武家の存在を重視した叙述が多く見受けられる。北朝の天皇家（光厳上皇、光明天皇ら）と武家（足利尊氏、直義ら）の関係をどのようにとらえるかは、引き続き北朝研究の中心的な課題といえる。

六　二〇一〇年代以降の「北朝と幕府」の研究動向②

〝義満権力〟の相対化に留意すべき研究段階へ

北朝と幕府の政権については、北朝を頂点としたありようとみるのか、もしくは幕府の実権を重視し、室町殿を頂点としたありようとみるのか。この点をめぐっていくつかの見解が示されたが、公家社会の公武の儀礼や身分秩序を探る研究が進展すると、「天皇―上皇―室町殿」の秩序がしだいに明らかにされ（桃崎：二〇一〇、久水：二〇一一）、そのような認識はある程度、定着していったようである。

とくに足利義満没後の体制では、四代将軍の足利義持（よしもち）（一三八六〜一四二八）が内大臣（ないだいじん）として後小（ごこ）松（まつ）院政（一四一二〜三三年）を支えたことや、六代将軍の足利義教（よしのり）（一三九四〜一四四一）もその姿勢をおよそ継承したことが強調された（石原：二〇〇六・二〇一五）。この点については、本書の第七章を参照されたい。

足利義満期では、法皇になぞられた義満の専制的な権力を重視する見方がなお残ったが、今谷明が説いた義満の皇位簒奪（さんだつ）の意図については（今谷：一九九〇）、関連史料の検討が進み、簒奪の意図は読み取れないとする見解が示された。これにより義満は「公武統一政権」よりも、「公武政権」の樹立を意図していたと見なすほうが真相に近いのではないだろうか。

家永遵嗣によれば、足利義満は皇位の回復を願う崇光流の皇統から、後光厳流の後小松天皇（後光厳の孫。一三七七～一四三三）の立場を擁護するため、いわば「治天の君」として振る舞っていたのではないかと説かれている（家永：二〇一三）。

このように近年では、出家後の義満の権力や恣意性も相対化されつつあることに留意すべきことを筆者は説いた（水野：二〇一八）。そのうえで、義満、義持、義教への継承面と断続面を捉えつつ、「公武政権」のありようを説くべき段階に達してきたと考えたい。

七　二〇一〇年代以降の「北朝と幕府」の研究動向③

「公武政権」と中世後期の国家像をめぐって

「公武政権」における天皇の位置づけは「権門体制」の学説に適合しやすいが、中世後期（南北朝期以降）の国家を「権門体制」として把握できるかどうかは、なお検討の余地が残る。

伊藤喜良によると、中世後期にみられる各地域の封建的なブロック権力は、内部の身分秩序や敵追討の正当性を、朝廷の秩序や天皇の綸旨(りんじ)などに求めていた点から、天皇の統治権を認める「複合政権国家論」を提起している（伊藤：一九七九・一九九九）。

中世後期の地域社会においては、「権門」の支配がなお及んでいたと見なすか、あるいは地域の封建的なブロック権力、すなわち地域の「政権」が、「権門」よりも優位に支配を展開していたと見なすかどうか、が評価の分かれ目である（水野：二〇〇八）。私見では「複合政権国家論」に親近感をもつが、十五世紀では「権門体制」が適合する領域は広く見受けられるため、再考の余地を残す。「室町幕府―守護体制論」（川岡：二〇〇二）は、権門体制論の流れに位置づけられることも考慮する必要がある。

「権門体制論」にせよ、「複合政権国家論」にせよ、天皇・朝廷を積極的に位置づけた国家論が支持されていくには、天皇の統治権をいっそう究明することが必要である（水野：二〇二〇）。近年では、中世後期の天皇の評伝が刊行され、天皇に対する関心は高まりつつある（石原：二〇二〇、石原・久水：二〇二〇）。このような天皇の私的、個人的な人物像とともに、当時の社会における天皇・朝廷の制度の果たした意義をさらに究明する必要があろう。

おわりに――多くの点で整合性のある「公武政権論」

北朝と幕府についての研究史をたどりながら、およその私見を示し、近年には北朝の天皇やその政務が解明されつつあることを述べた。

足利義満期および足利義持期以降の公武関係の研究成果をふまえると、「公武統一政権」よりも「公武政権」としてとらえていくほうが、多くの点で整合するように見受けられる。このような「公武政権」が構築されていった過程において、北朝廷臣の果たした役割は大きい。二条良基（一三二〇～八八）による足利義満の取り込み、つまり義満の公家化など、その政治構想や活動の意義にいっそう注目すべきである。

二条良基については、本書の第八章を、実務官僚（下級官人）については第九章を参照されたい。

今後、北朝が国家機構上に果たした役割や、中世後期の国家がより精緻に究明されていくことを祈念し、擱筆する。

【主要参考文献】

家永遵嗣「足利義満と武家伝奏との関係の再検討」（『古文書研究』四一・四二、一九九五）

同「光厳上皇の皇位継承戦略と室町幕府」（桃崎有一郎・山田邦和編『室町政権の首府構想と京都――室町・北

山・東山』所収、文理閣、二〇一六）
石原比伊呂「准摂関家としての足利将軍家」（『史学雑誌』一一五編二号、二〇〇六。のち『室町時代の将軍家と天皇家』勉誠出版、二〇一五に収録）
同「足利義教と北朝天皇家」（同『室町時代の将軍家と天皇家』所収、勉誠出版、二〇一五）
同『北朝の天皇――「室町幕府に翻弄された皇統」の実像』（中公新書、二〇二〇）
石原比伊呂・久水俊和編『室町・戦国天皇列伝』（戎光祥出版、二〇二〇）
伊藤喜良「応永初期における王朝勢力の動向」（『日本歴史』三〇七、一九七三。のち『日本中世の王権と権威』に収録）
同「室町幕府と武家執奏」（『日本史研究』一四五、一九七四。のち『日本中世の王権と権威』思文閣出版、一九九三に収録）
同「室町期の国家と東国」（『歴史学研究』四七五、一九七九。のち『中世国家と東国・奥羽』校倉書房、一九九九に収録）
同『南北朝動乱と王権』（東京堂出版、一九九七）
今谷明『室町の王権――足利義満の王権簒奪計画』（中公新書、一九九〇）
小川信「足利将軍家の権力に関する一考察」（Bonner Zeitschrift für Japanologie,Band 1, Festgabe Herbert Zachert 70 Jahre, Bonn, 1979. のち『足利一門守護発展史の研究』吉川弘文館、一九八〇に収録）

笠松宏至「中世国家論をめぐって」（岡田章雄・豊田武・和歌森太郎編『日本の歴史 別巻 日本史の発見』所収、読売新聞社、一九六九）

亀田俊和『足利直義―下知、件のごとし』（ミネルヴァ書房、二〇一六）

川岡勉『室町幕府と守護権力』（吉川弘文館、二〇〇二）

黒田俊雄「日本中世の国家と天皇」（『岩波講座日本歴史七 中世三』所収、一九六三、岩波書店。のち『黒田俊雄著作集』第一巻、法藏館、一九九四に収録）

佐藤進一「幕府論」（『新日本史講座』〔封建時代前期〕、中央公論社、一九四九。のち『日本中世史論集』岩波書店、一九九〇に収録）

同「室町幕府論」（『岩波講座日本歴史七 中世三』所収、岩波書店、一九六三。のち『日本中世史論集』岩波書店、一九九〇に収録）

同『日本の歴史 九 南北朝の動乱・改版』（中公文庫、二〇〇五。初出一九六五）

田中義成『南北朝時代史』（講談社学術文庫、一九七九。初出は明治書院、一九二二）

田沼睦「室町幕府・守護・国人」（『岩波講座日本歴史八 中世三』所収、岩波書店、一九七六）

中村直勝『光厳天皇』（淡交社、一九六一。のち『中村直勝著作集 第六巻 歴代天皇紀』思文閣出版、一九七八に収録）

橋本義彦「院評定制について」（『日本歴史』二六一、一九六七。のち『平安貴族社会の研究』吉川弘文館、一九

七六に収録）
早島大祐「公武統一政権論」（同『首都の経済と室町幕府』所収、吉川弘文館、二〇〇六）
久水俊和『室町期の朝廷公事と公武関係』（岩田書院、二〇一一）
松永和浩「南北朝・室町期における公家と武家―権限吸収論の克服」（中世後期研究会編『室町・戦国期研究をよみなおす』所収、思文閣出版、二〇〇七）
同「室町期における公事用途調達方式の成立過程」（『日本史研究』五二七、二〇〇六。のち『室町期公武関係と南北朝内乱』所収、吉川弘文館、二〇一三に収録）
水野智之「室町期の公武関係と権力構造」（『ヒストリア』一七八、二〇〇二。のち『室町時代公武関係の研究』所収、吉川弘文館、二〇〇五に収録）
同「南北朝・室町期の公武関係論と国家像の展望」（『歴史評論』七〇〇、二〇〇八）
同「過大に評価されがちな「義満権力」を再検討する」（亀田俊和編『初期室町幕府研究の最前線―ここまでわかった南北朝期の幕府体制』所収、洋泉社歴史新書y、二〇一八）
同「室町幕府と中世国家」（『年報中世史研究』四五、二〇二〇）
桃崎有一郎『中世京都の空間構造と礼節体系』（思文閣出版、二〇一〇）
森茂暁『増補・改訂　南北朝期公武関係史の研究』（思文閣出版、二〇〇八。初出は文献出版、一九八四）

【さらに詳しく学びたい読者のために】

①水野智之「南北朝・室町期の公武関係論と国家像の展望」（『歴史評論』七〇〇、二〇〇八）

②水野智之「動乱期の公武関係を支えた公家たち」（神田裕理編『伝奏と呼ばれた人々―公武交渉人の七百年史』所収、ミネルヴァ書房、二〇一七）

③水野智之「室町幕府と中世国家」（『年報中世史研究』四五、二〇二〇）

①は、拙著『室町時代公武関係の研究』（吉川弘文館、二〇〇五）に対する川岡勉の書評をうけて、公武関係や公武政権の説明をするとともに、中世後期国家を展望したものである。「室町幕府―守護体制」や寺社勢力の位置づけについても私見を述べている。

②は、南北朝・室町期の伝奏（てんそう）の活動や公武関係についてまとめたものである。

③は、佐藤進一の研究概念を検討するとともに、中世後期の国家論を進展させるには、天皇や朝廷について検討する必要があることを説いたものである。

〈第七章〉

【足利将軍②――義持・義教・義政】

「南北朝合一」後、親密さを演出した天皇家と将軍家

石原比伊呂

はじめに――北朝天皇家の実態に迫るふたつの史料

本稿では、四代将軍足利義持（一三八六～一四二八）の時期から八代将軍足利義政（一四三六～九〇）の時期にかけての北朝天皇家のあり方を、足利将軍家とのかかわりあいのなかから概説する。

ただ筆者は、当該テーマについてすでに何冊かの書籍を上梓しているので、それらとの重複を避けるためにも、特定の史料を読み解きながら、逐次、ポイントを説明していくというスタイルをとりたい。その際に使用するのは、『椿葉記』という史料と『山賤記』という同時代史料である。

本文中でもふれるが、どちらの史料も北朝天皇家ときわめて近しい関係にあった伏見宮家の人物が過去を振り返りながら、北朝天皇家の歴史や北朝の天皇の生き様を描写する内容となっており、当時

の北朝天皇家の実態に迫るには好適な史料である。

なお、伏見宮家の歴史や後花園天皇（一四一九〜七一）の実父である伏見宮貞成親王（一三七二〜一四五六）についての説明は、本書の第五章に譲りたい。

一　後光厳・後円融・後小松天皇と三代将軍義満

北朝の傍流「後光厳流」と室町将軍家の出合い

先にふれた『椿葉記』は、伏見宮貞成親王によって記された、いわば崇光流の家記ともいえる著作物で、貞成親王の祖父崇光天皇（一三三四〜九八）から自身の子息後花園天皇にまでいたる崇光流の盛衰が記されている。貞成親王は「人皇始りてより」というお決まりのフレーズから筆を染め、祖父の崇光院が体験した艱難辛苦へと筆を進める。

そして、「正平一統」（一三五一〜五二年。本書の第三章を参照）について説明した後、「正平の一統が破綻した結果、直仁親王（崇光天皇の皇太子）などは廃され、後光厳天皇が即位した。それは父院（光厳上皇）から譲位されたものではなく、「武将」（足利尊氏）の計らいによるものであった」と記される。

そもそも光厳上皇（一三一三〜六四）が「北朝」として擁立されたことからして、足利尊氏（一三〇五～五八）軍の意向であったが、ここでは北朝のなかでも、傍流であったはずの後光厳天皇（一三三八～七四）が皇位を襲った背景には、室町幕府の施策が全面的に横たわっていたことが明示されている。北朝天皇家と足利将軍家の間で形成されていく関係性の本質は、すでにこの時点において定まっていたといってよい。

武家によって存立を保障される天皇家

やがて後光厳天皇は、崇光流に皇統を戻すことなく、子息の後円融天皇（一三五九～九三）へと譲位をする。それに関して『椿葉記』は、「当時は三代将軍足利義満が年少だったので、管領の細川頼之が天下のことを差配していた」「武家の贔屓によって、崇光流の栄仁親王ではなく後円融天皇へと皇位が譲られたのだ」と恨みがましく記す。

ここからわかるのは、足利義満（一三五八～一四〇八）という傑物の登場を待つことなく、皇位が当然のように武家（室町幕府。この場合は将軍代行の細川頼之〔一三二九～九二〕の意向によって左右されていたという事実、そして、武家は原則として崇光流ではなく、後光厳流を支持していたという事実である。

険悪な後円融天皇、円満な後小松天皇

室町幕府が後光厳流を支持するという構図は、三代将軍の義満にも継承された。

かつては今谷明の「王権簒奪計画説」に代表されるように（今谷：一九九〇）、将軍家は武家である以上、天皇家とは宿命的に対立する存在と見なされていたが、近年はそのような見方は退けられつつある（石原：二〇一五・二〇一八・二〇二〇）。とはいえ、後光厳の子息後円融天皇と義満の間に隙間風が吹いていたのも事実である（本書の第四章を参照）。

その微妙な関係性を裏づける証言が『椿葉記』にある。すなわち「子息の後小松天皇に譲位し、「治天の君」（天皇家の家長で、院政を行う存在）となった後円融上皇であったが、〝天下の事〟は義満が〝執行〟した」と記されている。

義満の時期（十四世紀末～十五世紀初め）の天皇家と将軍家の関係とは、「将軍家は引き続き後光厳流を全面的にバックアップするが、義満と後円融の個人的関係は良好ではなく、結果として本来なら後円融が担うべきであった「治天の君」としての役割は、義満が肩代わりする」というものであった。

義満の〝執行〟は、後円融にとっては面白くないことだったかもしれないが、重要なのは俯瞰的に考えれば、後光厳流が将軍家によって支えられるという構図を逸脱するものではない、という点である。実際に後円融上皇と義満の関係が険悪であった一方で、後小松天皇と義満の関係は円満で、後小松天皇（一三七七～一四三三）は常に義満のことを頼りにしていた。

崇光流と南朝の聖性を奪う義満

『椿葉記』には、義満と崇光流の関係性が必ずしも悪くなかったことが折々に強調されている。たとえば、「義満は出家後に伏見まで崇光法皇を訪ねてくれて、その際には十万疋の見舞金を捧げてくれた。お礼として庭上（庭先）で田楽など田植えに関する興にふけった」という記述がある。

じつは『椿葉記』には記されていないが、この際に崇光法皇は義満と相撲をとっている。聖性を帯びた天皇は、本来ならけっして地面に足を着けてはならないし、俗人が手を触れることは許されない。義満と相撲をとったことで、崇光法皇はもはやそのような聖性を身にまとった存在でないことが、白日のもとに晒されることになった。崇光法皇は義満の渡御を受け入れることで、十万疋の現金と引き換えに自らの聖性を奪われたのである。

南朝の後亀山天皇（一三五〇?〜一四二四）も義満と同じような内容の対面を果たしており、義満は後光厳流の存立を脅かす存在から、天皇としてふさわしい聖性を奪うことで、後光厳流の地位を確固たるものとしていった。

二　後小松・称光天皇と四代将軍義持

義満は上皇のように、義持は摂関のごとく振る舞う

さて、『椿葉記』を読み進めると「後小松上皇は応永十九年（一四一二）に子息の称光天皇へと譲位したが、「治天の君」として引き続き政務をとった」と記されている。その頃までには将軍家も、義満が死去して四代将軍義持の代となっていた。

義満の庇護下で即位した後小松は、義持とも良好な関係を維持した。ただし義満と義持とでは、後小松へのサポートの方法論が異なった。義満がさながら上皇のような立場で父親代わりとして後小松を支えたのに対し、義持はあたかも現任の摂関のように振る舞った。内大臣でしかない義持が、儀礼の場面も含めて現任摂関のように振る舞うことには多少の無理があったようだが、総じて公家社会はこれを受け入れた。

後小松の立場からすれば、上皇のような立場であれ、現任摂関であれ、自身を全面バックアップしてくれることに違いはなかった。

盟友のような後小松上皇と室町殿・義持

どうやら後小松は、義持にシンパシーのような感覚を抱いていたようである（桜井：二〇〇一）。と

いうのも、『椿葉記』には「うちつづき公武の御なげき」と記されるように、室町殿義持の一粒種だった五代将軍の足利義量（一四〇七～二五）は、後小松の次子小川宮（一四〇四～二五）と同じ応永三十二年（一四二五）二月に死去している。

また、後小松の長子称光天皇（一四〇一～二八）もその頃には断続的に体調を崩し、三年後に二十八歳で早世している。後小松と義持には、取り巻く家庭環境に大きな共通要素があった。そういうこともあってか、両者はさながら盟友のような関係性で協調しながら政治的諸課題に対処していった。

次期天皇候補、彦仁への視線

称光天皇崩御に関連して『椿葉記』には、「次期天皇に関して内々の沙汰があった」と記す。これは具体的には「子のいない称光天皇の後継者として、伏見宮貞成の子である彦仁（のちの後花園）が内定した」というような内容である。

ひとつの皇統で血脈がとぎれようとするとき、そこに近接する皇統から後継者が選定されるというのは、前近代の皇位継承における常套手段である。重要なのは、彦仁を次期天皇に内定させた判断主体である。これについては、貞成の日記である『看聞日記』の記述により、後小松と義持のトップ会談によって導き出された方向性であったことがわかる。

先に義持のことを「現任摂関のように振る舞う存在」だとしたが、義持の行動原理はそれだけにとどまらず、公私にわたって後小松上皇と称光天皇の親子からなる「(後小松)王家」を、陰に陽に全面バックアップするというものであった。

このような、室町幕府安定期の足利将軍家家長のあり方を、筆者はかつて〝「王家」の執事〟と表現した。そして、このような義持の行動様式は、原則的には六代将軍の足利義教(一三九四～一四四一)にも継承されていく。

三　後花園天皇と六代将軍義教

義持期と変わらぬ天皇家と将軍家の関係

正長元年(一四二八)二月に義持が没し、七月には称光天皇が崩御する。

称光崩御に先立ち、彦仁が伏見より上洛する。その際の様子を貞成親王は、「室町殿(義教)が仰るには、彦仁を上洛させてください。まず東山の若王寺(若王寺神社。京都市左京区)に入れていただければ赤松に警固させます、とのことだ」と記す。実際に幕府が万全の態勢で彦仁を警固した様子についても、『椿葉記』は生き生きと記している。貞成親王としては、崇光流の血筋が皇統に返り咲いたのであり、まさに悲願の達成であった。

もっとも、登極(即位)して後花園天皇となった彦仁の立場は複雑である。「院(＝後小松上皇)の猶子（ゆうし）となっての践祚（せんそ）である」と記されているように、血統上は崇光流であっても、後小松上皇の養子として後光厳流を継ぐ存在として即位したのであり、そのあたりの事情が、義教の姿勢を大きく左右していく。

とはいえここでは、彦仁を称光の次の天皇とするという義持期に定められた方針が、そのまま義教にも継承されたことを強調しておきたい。原則的には、義教の北朝天皇家への姿勢は義持と共通するものであった。

将軍義教と後小松上皇の隙間風

伏見宮貞成親王は、子息の彦仁が皇位に就くことで同宮家としての念願を達成した。それによって、彦仁即位に関連する諸儀礼などについても、同親王は多くの紙幅を費やして『椿葉記』に叙述した。そこには、随所に将軍義教の姿も描かれている。

たとえば、即位儀前日の官司行幸（かんしぎょうこう）（太政官庁（だいじょうかん）に擬された場所への新天皇の移動）においては、「この行幸で最重要な役割である「節下の大臣（せちげのおとど）」（行事の執行者）は近衛忠嗣（このえただつぎ）（一三八三〜一四五四）が務め、義教も内々に駆けつけて現場を差配した」と記されている。

なにより重要なのは、即位儀翌年の大嘗会（だいじょうえ）に付随する御禊（ごけい）行幸という儀礼において、貞成が「ご子息の晴れ姿を御覧になったらいかがでしょう」と義教に招かれ、当日も懇ろ（ねんご）に接遇されていることである。先々代の義持は、称光天皇即位に際して見物する後小松上皇の世話をした。それを今回は、養父の後小松上皇が存命であるにもかかわらず、実父ではあるが、天皇家家長＝「治天の君」でもない貞成のことを義教は世話したのである。

どうも後小松上皇は、将軍義教と良好な関係を構築することに失敗したらしい。これ以降、義教は一貫して後小松ではなく貞成親王を贔屓にする。

伏見宮貞成親王と義教の蜜月

御禊行幸の当日、義教は当時帯びていた右大将という役職に基づき、行幸の行列に供奉した。貞成は喜びに浸りながら、そのまま二〜三日間を洛中で過ごしていた。そして、その期間中に貞成は義教のもとを訪ねた。

『椿葉記』の文章をそのまま引用すると、「室町殿へまいりて初めて見参せる」とある。横井清によると、貞成は僧侶時代の義教（当時は「義円」という法名）を見かけたことがあったらしい（横井：二〇〇二）。そのため、ここでの「初めての見参」は、「将軍となった義教に初めてご挨拶申し上げた」といったような内容である。そして義教は、貞成の挨拶に応えるように、伏見宮家にとって最重要であった山前庄（滋賀県東近江市）という所領を安堵している。

〝「王家」の執事〟という立場を継承した義教

さて、ここまでは大嘗会に先立つ御禊行幸を中心に取りあげたが、ここからは三日間にわたる大嘗会当日の様子をみてみよう。

『椿葉記』には、「室町殿（義教）は連日ご参加されて、現場を指揮した」とある。大嘗会は新天皇（後花園）にとって一世一代の晴儀(せいぎ)（晴れ舞台）であり、その大成功に義教は尽力したのである。まさに、義教は後花園天皇の後見役であり、義持の〝「王家」の執事〟という立場を継承したといえる。また、大嘗会をはじめとする即位関連諸儀礼における公的な立ち居振る舞いから、現任摂関に准じて行動する義教のあり方を見いだすこともたやすい。

ただ一点だけ義持と異なるのは、本来なら「後小松上皇—後花園天皇」によって構成される王家（後光厳流）を支えなければならないはずが、なぜか義教は貞成を贔屓にし、結果として「貞成親王—後花園天皇」によって構成される王家（崇光流）に執心した点である。

とはいえ、これはあくまでも義教の個人的な好悪による意向であり、政策として皇統の変更に介入したわけではない。

可視化される〝義満先例〟の定着化

義教の後花園に対するスタンスは、その元服儀においても明瞭である。

『椿葉記』には、「永享五年（一四三三）に後花園天皇は元服した。十五歳での元服は崇光院の先例に適うので、ひとしおめでたい。加冠役は二条持基（一三九〇～一四四五）で、理髪役は義教であった」と記される。

元服儀礼においては冠をかぶせる加冠役と、頭髪を整える理髪役が重要な役割であった。そのうちの理髪役を義教が務めているのである。元服儀で重要な役割を果たすことで、後花園との関係性が可視化されたわけだ。同時に「至徳の先例（義満が理髪役を務めた後小松元服の事例）を継承した」と記されているように、義教が義満の先例を重視していることもまた可視化されている。

義教は、少なくとも標榜としては義満の先例を重視した。そしてそれは後小松天皇の先例にほかならず、さらにいえば「義満が後小松天皇を後見する」というあり方が、「義教が後花園を後見する」という形で再生産されたということになる。

八代将軍義政にも申沙汰される後花園天皇

義教の後見により治世を開始した後花園天皇は、その後、どうなっていったか。

次節では『山賤記』をもとに叙述することになるが、先回りして『山賤記』の内容にふれておくと、「（後花園天皇は）即位当初より義教に輔佐されてきたが、それ以降は現在の准后（太皇太后・皇太后・皇后の三后〔三宮〕に准じた処遇を与えられた者。足利義政）が相い続けてお助け申し上げている」との記述がある。
後花園天皇と八代将軍の足利義政との関係については、節を改めて詳述するとして、ここでは義持(四代)や義教(六代)のあり方が、義政(八代)にも継承された点をあらかじめ指摘しておきたい。

四　後花園・後土御門天皇と八代将軍義政

後花園の薨去と『山賤記』の世界

『山賤記』は伏見宮貞成親王の第二皇子、すなわち後花園天皇の実弟で同宮家を継承した貞常親王(一四二六〜七四)の手によるもので、後花園天皇を追悼するとともに、その葬送儀礼が記録されている。

後花園上皇は文明二年(一四七二)に薨去した。それを直後に振り返るという体裁の『山賤記』は、「ことしは文明みつの年にや」で始まる。そして「過ぎし師走に後花園上皇がお倒れになった」「私は前後不覚の心境で伏見から都へと急いだ」「私が到着した頃にはすでに北枕となっていた」と記され、そこからは後花園上皇の生前を振り返りつつ、葬送儀礼が順を追って記される。

社会的に演出された、葬儀での天皇と将軍

『山賤記』で興味深いのは、「後花園の葬送には明徳度（二代前の後円融葬儀における義満）の先例として、義政も参列することになった」と記されている点である。

義政と後花園の昵懇関係を論じる前提として、ここでは義満が後円融葬儀に参列している事実に注目したい。義満と後円融との個人的関係が悪かったことは前述したが、それでも義満は後円融の葬儀には参列したのである。ここから将軍が天皇葬儀に参列するのは、「両者が親密だったから」ではなく、「両者が親密であるということを社会的に演出する必要があったから」だということがわかる。

室町時代の将軍家と天皇家の関係の本質は、これに尽きる。すなわち「親密であることを、社会的に演出する必要のある関係性」ということである。なお、義教は後小松の葬儀に体調不良を理由に欠席している。後小松の代わりに（後花園の実父で、ほぼ上皇のような存在である）伏見宮貞成親王との昵懇関係は相応に演出されていたので、義教としては、それで代替されると判断したのであろうが、義教のこのあたりの対応は大人げなかったといえる。

室町第で将軍と同居する上皇・天皇

ともあれ、義政と後花園の仲は良好であった。その良好な関係性は、後花園の子である後土御門天皇（一四四二～一五〇〇）も含み込むものであった。というよりも、義政と後花園・後土御門父子と

は空前絶後の関係性にあったといえる。

　彼ら三人は「応仁・文明の乱」（一四六七〜七七年）の時期に室町第（花の御所。京都市上京区）で同居していたが、そのようなあり方は文字どおり空前絶後である。将軍家と天皇家の同居について、『山賤記』には「応仁元年（一四六七）に世の中が戦乱状況になり、正月に天皇は義政の室町第へと避難した。このときの避難は数日間であったが、八月にはふたたび避難してからは、その状況が続くことになった」との旨が記されている。

他者の目を意識しないルーズな関係へ

『山賤記』は、この時期の公武関係について「同じ敷地に住んでいたので、義政は折にふれて後花園天皇や後土御門天皇をもてなした」と麗しく記している。そしてさらに、「猿楽なども興行された。このようなことは、非常事態でなければ不可能だったので、憂き世も慰められただろう」と続ける。

　猿楽などは仙洞御所（上皇の御所）では興行可能であったが、内裏ではいまだ憚られていた。そのような先例故実を逸脱した興行も、室町殿に同居しているという非常状況では問題とされなかった。享楽的には、後花園も後土御門も避難生活を満喫していたのかもしれない。ただし、先に将軍家と天皇家の関係性は「親密であることを社会的に演出する必要のある関係性」であると述べた。他者の目を意識する、緊張感のある関係性であったといえるだろう。

ひるがえって、「応仁・文明の乱」中の同居期間における両者の関係性は、同一敷地で繰り広げられる、他者の目を意識しないルーズな関係性に成り果てていった。義持（あるいは義満）の時代に定型化された将軍家と天皇家の室町期的な関係性は、同乱の勃発をもって終わりを告げるにいたったのである。これ以降、両家の関係性は戦国の動乱に翻弄（ほんろう）されながら、新たな段階を迎えることになる。

おわりに——両者が存続するために必要な生命線

繰り返しになるが、室町期の将軍家と天皇家の関係性とは「親密であることを社会的に演出する必要のある関係性」というものだった。それでは、なぜ両者は親密さを演出する必要があったのだろうか。

北朝天皇家（後光厳流）については、そもそもが室町幕府によって仕立てあげられた皇統なのだから、将軍家との親密さが、存続のための生命線であった。ゆえに親密さを演出しなければならなかった。一方の将軍家の事情はというと、武家社会における足利家の伝統的な家格がさほど絶対的なものではなかった、という事情がある。

そこの弱点を補い、将軍家を武家社会において絶対的な存在として認識させるためには、天皇家を奉じて、その関係性をいわば独占することで、ほかの武士との差別化を図る必要があった。足利家にとっても天皇家との親密さは演出されなければならなかったのである。

【主要参考文献】

石原比伊呂『室町時代の将軍家と天皇家』（勉誠出版、二〇一五）
同『足利将軍と室町幕府―時代が求めたリーダー像』（戎光祥出版、二〇一八）
同『北朝の天皇―「室町幕府に翻弄された皇統」の実像』（中公新書、二〇二〇）
今谷明『室町の王権―足利義満の王権簒奪計画』（中公新書、一九九〇）
桜井英治『室町人の精神』（日本の歴史12、講談社学術文庫、二〇〇九。初出二〇〇一）
横井清『室町時代の一皇族の生涯―『看聞日記』の世界』（講談社学術文庫、二〇〇二。初出はそしえて、一九七九）
村田正志「證註椿葉記」（『村田正志著作集』第四巻、思文閣出版、一九八四）

【さらに学びたい読者のために】

①横井清『室町時代の一皇族の生涯―『看聞日記』の世界』（講談社学術文庫、二〇〇二。初出はそしえて、一九七九）
②佐伯智広『皇位継承の中世史―血統をめぐる政治と内乱』（吉川弘文館、二〇一九）

③石原比伊呂『北朝の天皇――「室町幕府に翻弄された皇統」の実像』（中公新書、二〇二〇）

①は、この時代の公武関係を知るための基本文献である『看聞日記』の成り立ちや、その作者であり後光厳流と崇光流の関係に関するキーマンともいえる伏見宮貞成親王の生涯についてビビッドかつ平易に説明する。

②は、室町時代以前における皇統分裂の諸相や皇位継承のメカニズム、さらには皇位をめぐる天皇家の相克などを丁寧に解きほぐす。

③の拙著は、南北朝期から戦国期初期までの足利将軍家と北朝天皇家の関係について、具体的なエピソードをもとに通時代性をもたせながら概説した。

〈第八章〉

【二条良基】

二十余年、関白に在職した〝北朝の柱石〟

小川剛生

はじめに——四人の天皇に仕えた空前絶後の経歴

二条良基（一三二〇～八八）は摂家二条家の第五代当主である。関白道平（一二八七～一三三五）の嫡子として生まれ、順調に昇進して、初めは父とともに後醍醐天皇（一二八八～一三三九）に仕えたが、南北朝分立後は北朝にとどまった。二十七歳の貞和二年（一三四六）に光明天皇（一三二二～八〇）の関白となった。同四年に光明の後に践祚した崇光天皇（一三三四～九八）のもとでも引き続き関白とされた。しかし足利尊氏（一三〇五～五八）と直義（一三〇六～五二）兄弟が争った観応の擾乱（一三五〇～五二年）の最中、崇光が南朝によって廃位され北朝が消滅した政変（正平一統）では関白を停止され、そもそも在職の事実もないことにされた。

擾乱の帰趨定まらず、多くの廷臣が去就に迷うなか、観応三年（一三五二）六月、良基は光厳・光明両上皇の母広義門院（西園寺寧子。一二九二〜一三五七）の命で関白に復し、北朝の再建と後光厳天皇（一三三八〜七四）の擁立に尽力する。そのまま延文三年（一三五八）まで職に在った。貞治二年（一三六三）に還補（再任）され、同六年に及んだ。永和二年（一三七六）正月には准三后（皇后・皇太后・太皇太后に準ずる地位）を宣下された。廷臣の准三后はこの時期は稀である。同じく准三后を宣下（一三五一年）された南朝の北畠親房（一二九三〜一三五四）を意識したかもしれない。

永徳二年（一三八二）に六歳の後小松天皇（後光厳の孫。一三七七〜一四三三）の摂政となり（摂政はこの時代珍しく七十年ぶりであった。以下摂関職について述べるとき、たんに関白と記した場合がある）、天皇元服に奉仕して嘉慶元年（一三八七）に辞退した。翌年、摂政に返り咲いたが、まもなく病気となり復辟（天子に政を返すこと）を果たして辞職、直後に没した。「南北朝合一」（一三九二年）の四年前である。職に就くこと四度（広義門院の命による復職を還補と見なせば五度）、期間は通算して二十余年とは、空前絶後である。しかもその間には子息二人が関白となっている。南朝における親房と好対照で、〝北朝の柱石〟と称するにふさわしい。

一　歴史家には言及さえされなかった二条良基

北朝についてまともな研究がない

しかし、公家のこのような「輝かしい」経歴が注目されることなどまずなかろう。筆者が勉強をはじめた一九八〇年代後半、南北朝時代への関心は必ずしも低くなかったが、手に取れる通史の類で摂政・関白の働きにふれるものは皆無であった——そもそも北朝に関してまともな研究がなかった。室町幕府の傀儡にすぎないとの見方は牢固として抜きがたく、戦前と戦後とで明暗分かれた南朝研究と比較しても低調を極めた（本書の刊行には隔世の感を受ける）。名著とされる佐藤進一『南北朝の動乱』（中央公論社、一九六五）は公家社会に対しじつに冷淡、たまさか北朝の院・天皇の苛酷な人生にふれても「そういう貴族層の運命を決定づけたのが、かれら自身の精神の荒廃であった」あるいは「歴史の発展に自主的に参加する精神を喪失している」と決めつけたのには、酷薄にすぎないかと感じたことを覚えている。

また摂関家も、政治力を保つのはせいぜい鎌倉前期（十三世紀前半）までとされ、それ以後の関白への就職は、五家の間での輪番となり、連動して在職期間も短くなったことで、関白の地位なぞまったくの虚名と断じられるのが通例であった。わずかに朝廷の訴訟制度、朝幕交渉史の研究では、北朝も対象とされたのは貴重であったが（森：一九八四）、そこでも関白の存在感は乏しい。

今谷明『室町の王権—足利義満の王権簒奪計画』（中公新書、一九九〇）以下、足利義満（一三五八〜一四〇八）を扱った著作では、北朝も舞台となり良基も登場するが、北朝の評価は従来の幕府による「権力収奪論」の範疇にあり、関白としての良基の動向が問い直されたわけでもなかった。

歴史学に先んじる国文学者の伝記・公家日記研究

ひるがえって文化史上では、二条良基は魅力的な人物であった。さまざまな学芸の領域に足跡を遺したことで、国文学者による詳細な伝記も著された。政治的な動向も、公家日記を史料として考察されたのは歴史学に先んずる（伊藤：一九七九、木藤：一九八七）。後醍醐天皇を敬慕しながら、新興の武家に親近したこと、あるいは連歌や猿楽に心酔する一方、古い朝儀（朝廷の儀式・年中行事）の再興に情熱を燃やしたことなど興味深い事実が指摘された。

ただ、そもそも北朝や摂関家の状況、あるいは南北朝内乱期の廷臣の行動論理が明らかにはされていないから、せっかくの成果も孤立していた。関白という地位も、最高位の公家が「庶民的な」連歌や猿楽を愛したという、いかにも室町人らしい「開明性」を引き立てるスパイスにすぎなかった。良基像の矛盾は広がり、評価は分裂し、とらえにくくなってしまった。

北朝を知る根幹史料は公家日記である。『園太暦』（洞院公賢〔一二九一〜一三六〇〕の日記）が名記として知られ、その後には『後深心院関白記』（近衛道嗣〔一三三二〜八七〕の日記）・『後愚昧記』（三条公忠〔一三二四〜八四〕の日記）が続く。記録の期間はほぼ良基の生涯にわたるが、記主たちはいずれも良基と疎遠、むしろ敵対していた。

彼らの筆致にしたがえば、良基は公家社会の伝統を破壊する、不見識極まる人物であり、権力欲に憑かれた俗物となる。たしかにそういう面もあったかもしれない。それでも、記主たちはじつは朝廷にほとんど出仕せず、記事は所詮他人からの伝聞なのである。公平な評価とはいいがたい。

二　良基研究は、なにを突破口としたのか？

良基周辺の廷臣の日記

拠るべき研究がないのであれば、自分で調べて書くしかない。

北朝の摂政・関白としての働きを知るには、まず政務や朝儀の実態を知らなければならない。たんに「廃れた儀礼を復興することに努力した」といった記述ですまされていたものを、内実に迫るべく、叙位・除目（叙位・任官決定の儀礼）の執筆（任官決定者を大間書という料紙に記入する役）、節会の内弁（進行役）といった、大臣が必ず務める役目を取りあげ、良基の作法と評価を分析した。そして、良基に近い廷臣の日記、具体的には『迎陽記』（東坊城秀長〔一三三八〜一四一一〕の日記）・『吉田家日次記』（吉田兼煕〔一三四八〜一四〇二〕・兼敦〔一三六八〜一四〇八〕の日記）・『荒暦』（一条経嗣〔一三五八〜一四一八）の日記）などを活用した。

これらはごく一部の記事が『大日本史料』に掲載されるだけであったので、自筆本・古写本の紙焼き写真を取り寄せては翻字していったが、むしろそのことで記事の理解が深まったように思う。

良基による宮廷行事の記録

次いで、良基の著作の考察に着手した。

著作は広範にわたるが、いかにも彼らしい作品が仮名日記である。日記といっても自照文学ではなく、たまさかに行われた宮廷の催しを記念して執筆された記録で、見物人の口を借りて盛儀を描写する。貞治二年（一三六三）の内裏蹴鞠についての『衣かづきの日記』、同六年の中殿歌会についての『雲井の花』、永和元年（一三七五）の大嘗会についての『永和大嘗会記』、康暦二年（一三八〇）の法華懺法講についての『雲井の御法』など、散逸作品を含めれば十指に余る。

文和二年（一三五三）、美濃小島（岐阜県揖斐川町）への行幸を記した『小島のすさみ』や、貞治五年の興福寺（奈良県奈良市）の春日神木帰洛を描いた『さかき葉の日記』も、北朝にとっての一大イベントという点で同列である。現代人の感性では正直そう面白いものではなく、史学からも文学からも継子扱いされていたが、古写本が意外に多く残り、かつ『源氏物語』などを典拠に虚構が張り巡らされていて、たんなる記録ではない。『太平記』は、良基の『さかき葉の日記』『雲井の花』をまるごと取り込んでいるし、世阿弥の謡曲にも摂取の痕跡がある。

つまり当時、こういうものを喜んで読む読者層は宮廷の内外に一定数いたわけで、仮名という文体と相まって、北朝の存在をアピールするのに有効であった（小川：二〇一二）。その最右翼に足利義満がいたことになろう。

廷臣だけではなく、天皇にも指導する良基

こうした良基の活動は、やはり関白の職務から生ずるものであった。それは多岐にわたるが、簡潔にまとめれば、ひとつは天皇の政務万端を支える「万機輔弼」の任、もうひとつは廷臣を統轄する「百官総己」の職という二点に集約される。

「万機輔弼」といえば、関白が天皇の宮中での慣習や礼法、つまり「天子御作法」を授けたことが想起される。践祚・即位式・大嘗会などでは、不慣れな天皇を教導する役割が期待された。仏典のうちの知識にすぎなかった即位灌頂（帝王の象徴である密教の秘印と真言とを授けること）に二条家が着目した背景もそれで、良基は即位式にあたり北朝の歴代天皇に伝授し、これを実践させている。即位灌頂によって、関白は新帝に聖性を付与する者として現れることになる（小川：二〇〇五）。

関白は、原則自身は朝儀に参仕せず、参仕者を監督する立場となる。これが「百官総己」である。良基が朝儀の遂行に情熱を傾けて、懈怠しがちな廷臣を督励、時に強制してまで参仕させた例は事欠

かない。仮名日記もまた、自身の企画演出した催しの成功報告である。ここで後醍醐天皇の治世に学び、指導力を理想としたというのも特色である。

なお前関白であっても、「内覧宣下」を受けることで、朝儀への関与が可能となり、良基は前職の期間も引き続き内裏に祗候していた（小川：二〇二〇、海上：二〇二〇）。このときには関白の実父であるかに関係なく、「大閤」（大殿）を号したようである。

さらに、良基は朝儀に関する自説を好んで他家の公卿にも教授した。具体的には事前に「次第」とよばれるプログラムを作成して授けたり、自邸に招いて習礼（リハーサル）をしたり、当日は随伴して参内したりするといったことが挙げられるが、こうした指導を当時「扶持」といった。

良基の「扶持」の内容がどのようなものであったかは拙著をご覧いただきたいが、その指導方法は、敵対する公家の批判にもかかわらず、それなりに合理的で魅力的なものであった。もとより関白の権威も帯びれば、表立っての批判もしにくい。このことが彼の長期の在職を可能にしたといえるであろう。この点はまた、足利義満の公家化という公武関係史上の問題とも大きくかかわる。

それでも、これは良基の個性であるといわれるかもしれない。たしかに当時、職にとどまるだけの無気力な関白も多くいたであろう。しかし、関白という存在が天皇・朝廷にとっては欠くことができず、かつそれが定まった家柄に独占されつづけた理由は、世襲血統の神話とは別に、朝儀・政務の実態に即して具体的に問い直されなければならず、それをもって良基の評価も可能になると思う。また、関白の職務には、近衛流よりも九条流が、九条流の三家では二条家がとくに意欲的であったようにみえる。もとより良基には「歴史の発展に自主的に参加する精神」が横溢していたが、そもそも摂政・関白は内裏でどのような存在であったか。ここで良基の父道平の例を参照したい。

三　二条道平の言動からみた〝関白と天皇〟の関係

率直な関白道平と神経質な花園天皇

道平は良基誕生の少し前、正和五年（一三一六）から三年間、関白を務めた。その動静は『花園天皇宸記』（花園天皇〔一二九七～一三四八〕の二十三年にわたる日記）に記されている。以下、同記の文保元年（一三一七）春から摘記したい。

当時、花園は二十一歳、好学だが病弱であり、頻発する大地震、また鎌倉幕府が譲位を迫るという風説に心落ち着かぬ日々を送っていた。正月早々、花園は顔面の腫れに苦しみ、元日節会への出御を躊躇したが、父伏見法皇（一二六五～一三一七）と道平に相談し、意見されて不承不承出御している。七日の白馬節会には出御しなかったが、これも両人に断ったうえであった。

道平は天皇の日常生活に疑問を覚えると率直な意見を呈し、神経質な花園は内心でいらだちを感じつつ、かなりの部分でしたがわざるをえなかった。まさに関白こそが「天子御作法」を把握していたことがうかがえる。

関白には内裏に直廬という控室が与えられていた。道平は恒例の朝儀・年中行事のほか、臨時の政務にも祗候して指示を与えている。昇進の奏慶（任官・叙位の御礼）で参内した廷臣を、清涼殿の台盤所（女房の詰所）で引見し、また紫宸殿南庭の花盛りには女房と殿上人（清涼殿に昇殿を許された四位・五位の廷臣）を引き連れて見物するなどしている。

良基に継承された内裏での振る舞い

三月二十五日からは県召除目があった。最重要の朝儀であるから道平も直廬に詰めていた。その執筆は内大臣の西園寺公顕（一二七四～一三二一）であった。

ところで、公顕は公事に不案内であった。このため「執筆作法一向関白扶持す」という状態で、道平がいちいち教示してかろうじて務めおおせた。道平は甲高い大声の持ち主であったようで、教示は簾中（天皇）まで筒抜けであった。花園は公顕の無能より道平の無頓着にあきれかえる。

なお、公顕の女婉子（?～一三三九）は道平の北政所（正室）であった（その間に良基が誕生する）。しかし、こうした血縁関係にはなくとも、朝儀を監督し、大臣以下の廷臣に作法を指導することも関白の務めであった。

以上、関白道平は、たしかに輔弼と総己というふたつの職責を果たしていたように思える。かならずしもそりの合わなかった花園に対してさえこうであった。このような事例をみれば、少なくとも天皇の周辺や内裏では関白の指導力は無視することはできまい。信任を受けた後醍醐からは道平がいっそう重んじられたことは容易に想像される。後醍醐の治世には、廷臣の日記が残存しないため、詳細がわからないが、道平の振る舞いは良基に継承されたと考えられる。

四　遠慮ない間柄だった後光厳天皇と二条良基

姿がみえない天皇、指導力を発揮する良基

それでは、北朝内裏での良基について具体的に考えたい。後光厳天皇（一三三八～七四）の治世から、諒闇（天子が父母などの喪に服する）をめぐる対応を取りあげてみる。

貞治三年（一三六四）七月七日、後光厳の父光厳法皇（一三一三～六四）が崩御、良基が一連の服喪行事を沙汰したことが東坊城秀長の『迎陽記』にみえる。東坊城家は学者の家柄ながら六位蔵人を務め、当時は秀長の弟言長がその職にあった。

翌八日、良基は柳原忠光（一三三四～七九）と勧修寺経顕（一二九八～一三七三）を召して協議、一条経通（一三一八～六五）・近衛道嗣の両前関白の意見を徴したうえで、天下諒闇（国家が喪に服する）を決定した。担当の伝奏（「治天の君」〔天皇家の家長〕に近侍して奏聞・下達を務める役）に忠光、職事

（行事担当の五位蔵人）に万里小路嗣房（一三四一～九八）を指名した。後光厳は「今度の儀、毎事執柄（関白）御沙汰として」遂行するよう命じたのみであった。

その後も、後光厳の意向は、逐一、日野宣子（後光厳の典侍）以下の女房によって伝達されるだけであった。おのずと関白が指導力を発揮せざるをえなかった。

以降、故法皇の追号定、廃朝固関宣下、遺詔奏、さらに七日ごとの御誦経と、追善の行事が続く。しかし、廷臣はその役を忌避した。たとえば二七日では七大寺に二人ずつの御誦経使十四名を派遣しようとしたが、十人が故障を申し立てた。十九日、諒闇担当の行事蔵人に極臈（六位蔵人の最上臈）の物加波懐国（一三四一～七四）を宛てようとしたが、これも固辞した。こうしたサボタージュにも良基が対応し、行事蔵人には幼少の東坊城言長が指名された。東坊城家が二条殿の家礼（公家間での緩やかな主従関係）でもあったからである。

後醍醐を理想とした良基の指導力

諒闇中の最大の行事は、内裏庭上に設えられた倚廬という仮御所に、天皇が籠もることである。良基は勅問に答えつつ「次第」を作成した。二十六日、天皇は「次第」にしたがって渡御、錫紵とよばれる、浅黒色の闕腋の袍（束帯の上着。両脇を縫わず、襴のないもの）を召し、近臣・女房には素服（素地のままの喪服）を賜った。令の定める服喪期間の十三カ月を読み替え、十三日目の八月九日に清涼殿に還御、次いで除服、解陣を宣下し、沐浴した。

喪に服していたのだから当然ではあるが、後光厳の存在感は稀薄である。ただ平時でも、後光厳が自分の意志を明確に示すことはあまりなく、関白に委ねる傾向が強かったのはたしかである。これは即位の経緯ともかかわるかもしれない（後述）。

また諒闇の儀は、直接には正中元年（一三二四）の後醍醐天皇の例を参照したらしい。これは後醍醐の父後宇多法皇（一二六七～一三二四）の崩御による。後宇多が洛外大覚寺（京都市右京区）で崩じたこと、後醍醐とは生前微妙な関係にあったこと、後光厳の場合と奇妙な一致をみせている。もっとも、北朝ではおおっぴらに先例とするわけにもいかない。後醍醐を理想とした良基の指導力はこんなところからも察知される。

良基の判断にかかる北朝の政治的決定

このように朝儀が廃れた当時も、なお省略できないものは多々あって相当に煩雑であった。一方で、実情に合わせて適宜節略する判断が求められた。良基は実施を第一とし、改変を忌避せず、時には便法（一時しのぎ）を持ち出して遂行させた。それが外野からは反発や批判を招くのはやむを得ないことであった。

ところで、こうした諸儀礼は、もはや幕府の「御訪」（好意に基づく援助）がなくては実施不可能であった。かつて天皇生母の陽禄門院（正親町三条秀子〔一三一一～五三〕）が崩御したときは、幕府は戦乱を理由に協力を拒否、諒闇とならなかった。この点、光厳のときには良基が在職していたのが幸いしたようで、幕府はすんなりと諒闇料足として計七万疋（七百貫）を提供した。崩御の報せが届いた二日後、二代将軍足利義詮（一三三〇～六七）は執事斯波義将（一三五〇～一四一〇）を伴って内々に参内してもいる。「御訪」は弔問に附随したものであろう。

良基は将軍の参内を歓迎し、格別の配慮を払うのが常であった。義詮ももとより後光厳践祚に尽力して以来の功績を認めていたから、幕府の支援を引き出すのは比較的容易であった。

この点、後光厳を継いだ後円融天皇（一三五九～九三）の場合は、対照的である。良基との関係は、最初から円滑を欠いていたことは多くの指摘がある。その在位の間、良基は大閤として親政にかかわり、議定衆にもなるが、それでも関白への還補だけは実現しなかった。これは、後円融が認めなかったからであろう。しかし、朝儀・政務の停滞は父院の代と比較してさえ、明らかであった。足掛け四年に及んだ春日神木在洛の後遺症があるにしても、良基を遠ざけたことで、朝廷と幕府との距離が広がってしまい、結果的に朝廷政治の衰滅を早めたことは否めない。

五　幕府と南朝の接近に怯える北朝

北朝が抱える幕府の基本方針への不安

朝廷の政務・諸儀礼が幕府に依存していたことはことさら指摘するまでもないが、じつはもう少し深刻な背景があった。

近年の室町幕府の揺籃（ようらん）期についての研究によれば、武家には天皇や朝廷は必要不可欠であるが、それはかならずしも北朝でなくてもよかったとされる（亀田：二〇一七）。実際、足利尊氏は後醍醐への敬慕の念を隠さなかった。現実的にも兵を動かして南朝を攻めるより、和睦（わぼく）して京都に戻ってもらうのが賢明なやり方である。このため、「正平一統」の破綻した後も、交渉は続けられたようである。

また、幕府の皇位継承に対する基本方針は、鎌倉時代以来の両統迭立（てつりつ）である。苦汁をなめつづけた北朝には受け入れがたい条件であるが、幕府から提示されればのまざるをえない。北朝にとっては、南朝の侵攻より、幕府が南朝と和睦することこそが直接的な脅威であった。

良基はこのことをよく認識していた。観応二年（一三五一）冬、北国に陣取った足利直義は光厳上皇を迎え取ろうとしたが、上皇は逡巡（しゅんじゅん）して動かず、結局、足利尊氏と南朝の和睦によって北朝は廃され、しかも上皇たちは京都に侵入した南軍に捕縛される。

この正平一統の悲劇も教訓となったであろう。その後、三度にわたり、南朝が短期間ながら京都を占領するが、後光厳はそのつど、尊氏・義詮に奉じられて美濃の小島行宮や垂井行宮（岐阜県垂井町）・近江の武佐寺（滋賀県近江八幡市）などに避難、長期滞在した。良基も随行した。この経験に基づく前述の『小島のすさみ』は、現在では紀行文学とされるが、幕府は北朝と一体であることを説いた物語ともいえる。

『菟玖波集』成立の差し迫った事情

しかし廷臣の間には、後光厳に忠義を尽くす空気は稀薄であった。洞院公賢は首鼠両端を持したが、歌道師範家の二条家（藤原北家御子左家の嫡流）の面々も同じであった。後醍醐に親しかった二条為定（一二九三?〜一三六〇）は、南北朝分立以後は北朝に仕えたものの、ひそかに南朝に通じ、「正平一統」を歓迎した。そのため後光厳の践祚後は、しばらく公的な活動ができなかった。優れた京極派歌人であった光厳上皇たちは、南朝に連れ去られたままである。和歌を学ばずに践祚した天皇の教育を担ったのも良基であった。

観応三年八月、良基は百首歌を頓阿（一二八九〜一三七二）・慶運（一二九三?〜一三六九?）・兼好（一二八三?〜一三五八?）の三名に合点（優れた歌に符号をつけること。歌道指導として行われる）させ、頓阿には評語を執筆させた。これが有名な「後普光園院殿御百首」である。しかし、後光厳践祚というい、良基の生涯でもっとも繁忙を極めていた時期に、このような試みは不審であるし、また和歌四天王に数えられた頓阿たちがいかに歌道で声望あったとはいえ、地下の歌僧が関白の和歌を添削することも異例である。これは良基自身の過去の作品を百首歌の形にまとめ、合点・添削などをさせたうえで、天皇に教材として提供したものと考えれば疑問が氷解する。

そして、連歌集の『菟玖波集』は、良基の私的な企画として、延文元年（一三五六）に撰句の業を開始した。上代から当代までの付句約二千百五十句を蒐集、四季・恋・雑など二十巻に分類し配列した一大撰集である。

『菟玖波集』は、体裁といい規模といい勅撰和歌集に倣っており、翌二年閏七月十一日、勅撰集に准じられた。文学史上では新興の連歌が和歌に肩を並べた出来事とされる。しかし、准勅撰集となった事実は良基が執筆した仮名序に明記されるのに対して、近衛道嗣による真名序（漢文の序）には記されない。これは良基が仮名序だけを急遽修訂したことを意味している。

じつは延文二年七月、幕府と南朝との和睦交渉が試みられ、かなり実現に近づいたらしい。北朝は恐慌に陥ったはずである。その前年、武家執奏（将軍が朝廷に対して行う要請）により、二条為定を撰者にした勅撰和歌集の編纂も開始されていたが、これは後光厳が望んだものではなく、撰集の業も遅々として進まなかったらしい。

そんな状況で南朝との和睦が成就したらどうなるか。後光厳の退位は不可避であり、勅撰集企画は白紙に戻されるであろう。そして為定は喜んであらためて南朝の後村上天皇（一三二八～六八）の下命を受けるはずである。これまでの「治天の君」の下では、勅撰和歌集は必ず成立してきた。なにもかも不如意極まる後光厳の治世であったが、勅撰集を欠いてしまうという不名誉は避けたい。このような差し迫った事情から、良基は連歌撰集への准勅撰集宣下という異例を急遽実現させたと思われる。

もちろんこのことは、世間の囂々たる非難を浴び、和睦も結局は破談となったから、取り越し苦労に終わったが、じつは准勅撰集はこの時代にもうひとつある。南朝最末期、後醍醐の子宗良親王（一三一一〜八五？）が編纂した『新葉集』（一三八一年に奏覧）である。成立後に宗良の甥長慶天皇（一三四三〜九四）による准勅撰集宣下があったのは、南朝が正式な勅撰和歌集編纂を断念した現れとされる（深津：二〇一四）。乱世に翻弄されたアンソロジーとして『菟玖波集』と『新葉集』は奇妙な対をなす。

おわりに――無視できない関白の指導力

良基の生涯を通じて見たとき、北朝にかぎらず、この時期の朝廷における関白の指導力は今後あらためて考察しなくてはならないであろう。良基はこれを十分に発揮し、混迷する北朝をよく導いたといえるのである。北朝では親政の期間が長かったこととも関係するが、その天皇に存在感さえ不足しがちとあれば、北朝の政治的決定はおのずと良基の判断にかかったであろう。

一方、良基の父道平を信任したはずの後醍醐が、建武政権では関白を廃止したこと、しかし、次代の後村上天皇は「正平一統」後には関白を復活させる方針であったことは、逆説的に関白が必要とされていたことの証明といえる（鈴木：二〇一四）。ともあれ、これまで形骸化したとして関白を軽視していたのは大きな問題である。

そして近年では、歴史学の領域でも、政治家の教養や学芸の事績が取りあげられることがあり、喜ばしいが、肝心の分析は北朝の天皇を扱うものでもひどく視点が偏ったり、当該領域の最新の成果を十分にふまえていないものがある。和歌や音楽などの学芸が相互に担い手を重ならせつつ、政治と深く結びついた時代であるから（本書の第十一章を参照）、内実にまで踏み込んだ研究が求められる。この点でも、関白の指導力は無視できないものがあった。

先行研究があまりに乏しいため、他章のように研究史を記述することができなかったが、逆に今後の進展が期待できるといえる。

【主要参考文献】

伊藤敬『新北朝の人と文学』（三弥井書店、一九七九）
海上貴彦「鎌倉期における大殿の政務参加―摂関家の政治的転換点をめぐって」（『日本史研究』六九二号、二〇二〇）

小川剛生『二条良基研究』（笠間書院、二〇〇五）
同「菟玖波集前後—後光厳天皇と二条良基」（『日本歴史』八五六号、二〇一九）
同『二条良基』（人物叢書、吉川弘文館、二〇二〇）
同『南北朝の宮廷誌—二条良基の仮名日記』（吉川弘文館、二〇二一。初出は臨川書店、二〇〇三）。
亀田俊和『観応の擾乱—室町幕府を二つに裂いた足利尊氏・直義兄弟の戦い』（中公新書、二〇一七）
木藤才蔵『二条良基の研究』（桜楓社、一九八七）
鈴木満「南朝関白考」（『秋大史学』六〇号、二〇一四）
深津睦夫・君嶋亜紀『新葉和歌集』（和歌文学大系、明治書院、二〇一四）
松永和浩『室町期公武関係と南北朝内乱』（吉川弘文館、二〇一三）
森茂暁『増補・改訂　南北朝期公武関係史の研究』（思文閣出版、二〇〇八。初出は文献出版、一九八四）

【さらに詳しく学びたい読者のために】

①伊地知鐵男『伊地知鐵男著作集Ⅱ〈連歌・連歌史〉』（汲古書院、一九九六）
②井上宗雄『中世歌壇史の研究—南北朝期　改訂新版』（明治書院、一九八七。初版一九六五）
③林屋辰三郎『内乱のなかの貴族—南北朝と『園太暦』の世界』（吉川弘文館、二〇一五。初出は角川書店、一九七五）

①著者は戦前戦後の連歌研究を牽引、二条良基の連歌事績についても数々の資料を発掘、研究の基盤を築いた。とくに永和四年（一三七八）の崇光院の日記を紹介し、良基と若き日の世阿弥との交渉を明らかにした論文「東山御文庫本『不知記』を紹介して中世の和歌・連歌・猿楽のことに及ぶ」は必読。『連歌の世界』（吉川弘文館、一九六七）も併せて読むとよい。

②十四世紀の南北朝時代を十期に分けて記述、厖大な文献を渉猟、さまざまな歌書の成立、有名・無名の歌人の活動が網羅される。政治の世界と歌壇とは同心円的に重なるから、他書では知られない、この時期のもっとも精緻な歴史としても読める。良基は歌道にも足跡を残したが、その歌風は伝統的な二条風であった。一方で流派にとらわれず才能ある歌人を支援しており、それが次代の人材となったこともわかる。

③洞院公賢の日記『園太暦』を読み解いたもの。『園太暦』は記事が浩瀚で精彩に富むのはいうまでもないが、芸能史の大家であった著者の円熟した筆は、不穏な世相から公家の日常にいたるまで要領よく取りあげており、日記に語らせた歴史の描写としては類書を圧する。良基の生きた時代の雰囲気を知るのに最適。ただし、政治史的な分析は、さすがに少し古くなった印象は否めない。

①〜③はいずれも戦後にあって、北朝や公家の営みを正面から考察した数少ない研究書である。また、その手法は、史料に即した研究の模範として、現在もおおいに参考になる。

〈第九章〉

【朝廷の下級官人】

北朝存立に不可欠な「実務官僚」たちの実像

遠藤珠紀

はじめに——激動の時代、朝廷実務を支える人びと

組織の運営には、官僚たちの支えが必要である。では激動の時代、朝廷の実務を支える下級官人たちは、どのような動向をみせていたのであろうか。本稿では、次節からの事例をおもな手がかりに下級官人たちの動向を追ってみたい。

観応(かんのう)二年（正平(しょうへい)六。一三五一）八月、足利直義(あしかがただよし)（一三〇七〜五二）軍を退け、京を奪還した足利尊氏(たかうじ)（一三〇五〜五八）は、十月に南朝に降伏した（正平一統(いっとう)。一三五一〜五二年）。尊氏と弟の直義が争っていた観応の擾乱(じょうらん)（一三五〇〜五二年）と称される争いの一局面である。尊氏は、この降伏により南朝の後村上(ごむらかみ)天皇（一三二八〜六八）から直義追討の命令を得、正当性を確保する。一方、当時の北朝

の崇光天皇（一三三四～九八）は〝廃位〟されることとなった。

一　北朝消滅により〝南朝帰洛〟の段取りをする

南朝より計らうべき五カ条を示す

尊氏の降伏をうけて、観応二年（正平六。一三五一）十一月二十一日には南朝から中院具忠が京に遣わされ、種々の差配を行った。二十四日、具忠は関白二条良基（一三二〇～八八）に代わって執政を行うことになった洞院公賢（一二九一～一三六〇）を訪ねた。そして南朝の後村上天皇の帰洛について語り、計らうべき事項五カ条を示した（『園太暦』観応二年十一月二十四日条）。その五条目には、

要劇の諸司のこと、当用に随い相計らい召し参らすべきなり（重要な役所のことについて、必要にしたがい、計らってこちらに参上させるように）、

とある。朝廷を押さえるうえで、「要劇諸司」（重要な役所）の掌握が必須であることがうかがわれる。では、それは具体的にどの官司（役所）を指すのだろうか。

公賢の返事は、「大外記の中原師言は、もともと南朝に参上しています。「官務」（首席左大史）小槻匡遠は近日参ると申しています。主殿寮は匡遠の管轄です。内蔵寮は、長官が参上しているうえ、年預の坂上明清がまた参るでしょうか。このうえは仰せにより参るよう下知します」というもので

あった（それぞれの官司の業務については後述）。

十二月五日にも、後村上天皇の即位の大嘗会についてやりとりがあり、やはり官人の動向が話題になっている（『園太暦』観応二年十二月十五日条）。公賢は「弁官局の史の参仕については、小槻匡遠は今日・明日にも参ると申しています。小槻清澄は真っ先に馳せ参るべきところ、去年病気となり、困窮も甚だしいうえ、懸命（命を懸けるほど重要な収入源である）の西市司も交代となり、途方に暮れどのようにしたらよいかと申しています」と伝えている。

南朝・北朝を問わず把握すべき官司

以上のように、この洞院公賢の二度の返事では、外記局大外記の中原師言、「官務」を務めるべき小槻匡遠（?～一三六六）・清澄、そして主殿寮、内蔵寮長官、同年預といった官司の動向が挙げられている。

もちろんほかにも重要な官司はあるが、これらが南朝・北朝を問わず把握すべき官司であったことは間違いあるまい。また、彼らはいずれも上位の公家たちではなく、「下級実務官人」と称すべき人びとであることも注目される。

新田一郎は、京都の公家社会の運営と公事遂行の関係を次のように指摘する。すなわち「南朝の存立の困難」には、「あらまほしきさま」を演出する儀礼を遂行する場（内裏）がないこと、設営や進行の実務を支えるべき下級官人（「公事遂行装置」）が不在だったことがあるという。一方、北朝は公事復興により、政務の連続性を示した（河内・新田：二〇一一）。「下級実務官人」たちは、北朝の存立を支える存在なのである。

二　要劇諸司と「官司請負制」の歴史的変遷

「局務」清原・中原氏、「官務」小槻氏

そこで、個別に彼らの動向を追っていこう。

洞院公賢が挙げたうち、「**外記局**」は太政官に属し、文書の作成や先例の調査、儀式の執行にあたった官である。その最上首、つまり「**大外記**」（二〜三名）のうち最上位を「**局務**」という。「**官務**」は「**弁官局史**」（八名）のうち最上首の「**左大史**」で、文書関係の事務や先例調査に携わった。この「局務」「官務」は、十二世紀頃から特定の氏族に寡占されるようになっており、次に述べる「官司請負制」の代表とされている。

「局務」は清原氏・中原氏の三〜四流、「官務」は小槻氏壬生流・大宮流が寡占する。彼らは、同時に院文殿・記録所、院司、摂関家家司（職員）として朝廷社会を支えていた存在でもあった（森：二〇〇八）。

「主殿寮」は宮中の道具や火に関すること、清掃を掌った官である。公賢が述べていたとおり、早くから官務小槻氏のうち壬生流が代々差配していた。

室町期以降、寡占状況が顕著になる

こうした官司の運営については、つとに「官司請負制」という特徴が指摘されている。これは、佐藤進一が中世国家の祖型となる、王朝国家（～鎌倉時代）の朝廷官司で成立したと指摘する運営方式である（佐藤：一九八三）。その特徴は以下のとおりである。

一　律令官司制の太政官を頂点とする官司の統属関係が解体し、個々の官司が分離して、あるいはそれ自体で、あるいは他官司と結びついてそれぞれ完結的な業務を行うこと。

二　その各官司が、それぞれ特定の氏族に請け負われること。

三　官司の業務活動と収益とが、直接・不可分に結び合わされていること。

四　「官司請負制」は、官司を天皇の専権に属するとする建武の新政によって否定されたこと。

そして「官司請負制」の代表格とされたのが、ここでも問題にされている外記局の中原氏・清原氏、弁官局の小槻氏である。

佐藤は「官司請負制」が後醍醐天皇（一二八八～一三三九）によって否定された、と画期を見いだす。ただし現象としては、室町期以降も官司と特定の家との結びつきは深く、また前代よりさらに寡占状況が顕著になっていく。

三　権力の変動にともなう外記局の動向

清原（五条）頼元と後醍醐天皇

正平一統により入京した南朝は、北朝に出仕していた公家たちを罷免するなどの処罰を加えたと指摘されている（松永：二〇一三）。そのなかで、両統迭立期から南北朝期（十三世紀後半〜十四世紀）にかけて、皇統の変化がただちに「局務」「官務」の交代に結びつく様子はみられない。

ただし、権力の変動に対応する下級官人もいた。たとえば、外記局清原氏の流れに連なる五条頼元（一二九〇〜一三六七）である。三浦龍昭によれば、頼元は清原氏の庶流だったが、正中二年（一三二五）に大外記となり、建武二年（一三三五）まで在任した。この頼元の抜擢の背景として、佐藤進一は〝後醍醐天皇の寵臣〟と指摘し、「官司請負制」の打破の事例としている。

これについて三浦は、当時、嫡流の清原良兼が若年であったための、一族内での措置ではないかとする。また、後醍醐が最初に倒幕をめざした元弘の変（一三三一〜三三年）ののちに「局務」、さらに明経博士（大学寮の儒学の教官）・造酒正（宮中の酒や醴・酢などを掌る）に任じられていることから、この時期には、北朝に連なる持明院統とのつながりも存在したと指摘されている（三浦：二〇〇九）。

後醍醐による建武の新政（一三三三～三六年）以後は、記録所・雑訴決断所・恩賞方などに所属した。さらに昇殿を許され、清原氏初の少納言・勘解由次官（おもに国司の人事交代時の監査）となるなど大抜擢される。一方、持明院統系（北朝）の光厳院政期（一三三六～五一年）には官職に任じられず、建武五年（一三三八）には後醍醐の皇子懐良親王とともに九州に下った。頼元は、はっきり南朝方に属したことのわかる人物といえよう。

頼元が去った後、北朝のもとでの清原氏はしばらく停滞することになった。

応永三年（一三九六）、時の「局務」中原師豊が三代将軍の足利義満（一三五八～一四〇八）の不興を被り謹慎する。代わって清原頼季が、同氏としては約六十年ぶりに「局務」に任じられた。以降の清原氏は、ほぼ歴代が少納言に昇り、天皇・将軍に明経道（儒学）の学者としても奉仕し、やがて公卿にまでいたる家となった。

中原氏内の勢力争い

外記局中原氏のなかでは、中原師言も南朝に属した形跡がある（次頁の系図参照）。

本稿第一節で紹介した洞院公賢は、「大外記中原師言はもともと南朝に参上しています」と述べていた。師言はこのとき次席大外記であり、厳密には「局務」の把握ではない。ではなぜ「局務」中原師茂（一三一二～七八）を差し置き、師言の名が挙がったのか。それは公賢のいうとおり、師言がこ

局務中原師重流の関係系図

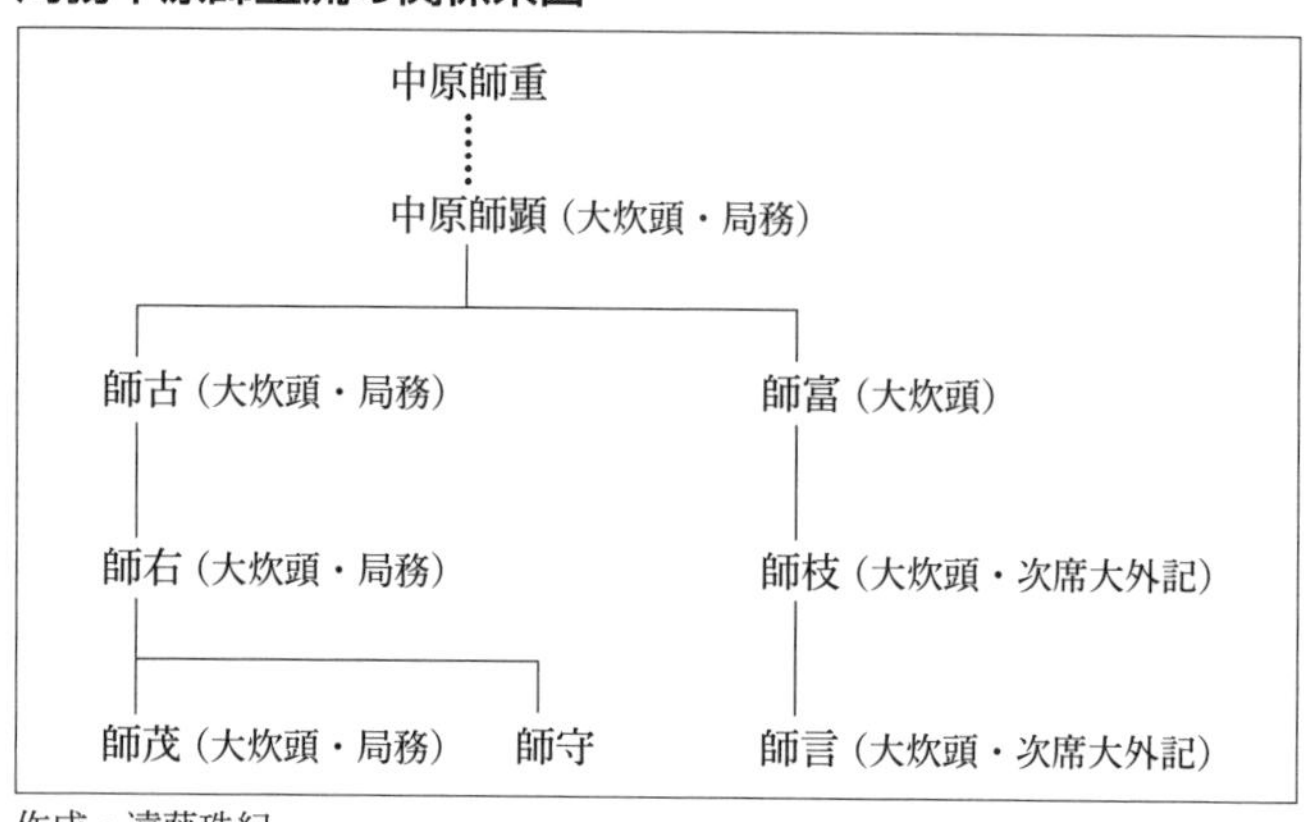

作成・遠藤珠紀

の時点で「南朝に祇候」していたからであろう。

師言は貞和五年（一三四九）、北朝の崇光天皇のもとで次席大外記となったが、いち早く南朝に参上するようになった（『外記補任』観応二年〔一三五二〕には「師言はこの年の某月某日に南朝に祇候した」と記されている）。南朝としては、現任の「局務」より、すでに自らに参上している師言を抜擢し、外記局を把握しようとしたと推測される。

師言は、外記局中原氏のなかでも、「局務」・大炊頭・（米や雑穀を収納し、諸司に分配する役目）を輩出する師重流に連なる人物である。日記『師守記』で有名な中原師茂・師守兄弟からは、祖父同士が兄弟の又従兄弟にあたる。

師言の祖父師富はなんらかの事情があったのか、外記としての経歴がみえない。父の師枝は次席大外記・大炊頭は務めたが、「局務」にはいたらなかった。三代続いて「局務」を輩出している師茂の流に比して、庶流になりつつあった状況といえよう。

中原師言は、なぜ南朝に走ったか？

ところで師重流では、「局務」のほか大炊寮も相伝していた。師富・師枝・師言の流も大炊頭に任じられている。大炊寮は『職原抄』（北畠親房〔一二九三～一三五四〕著）によると収入の良い官と記されており、経済基盤として大きい官だったのであろう。

康永四年（一三四五）、師言は大炊寮領につき「濫望」（よこしまな望み）を申し出た（『師守記』）。これに対し、又従兄弟の師茂は正和院宣（伏見院院宣）・建武院宣（光厳院院宣）・建武三年（一三三六）契約を提出して、師言に対抗した。

「正和院宣」は、両者の曾祖父師顕の死去あるいは正和五年（一三一六）の師茂祖父の師古（現任の大炊頭）の死去にともなうものであろう。また「建武院宣・建武三年契約」は、それぞれ建武二年の師茂の父師右の大炊頭就任（前任は同年に没した師言父師枝か）に際して出された院宣と、「師右―師言」の間の契約状と推測される。両流の間では、大炊寮ひいては師重流の嫡流をめぐって争いが続いていたのであろう。

そしてこのときも含め、持明院統（北朝）の院（上皇）たちは、師茂の流に安堵の院宣を出していた。師言は次席大外記にいたるが、上席にはやはり師茂が存在した。このままでは、師茂が師重流の嫡流として盤石となる。

こうした事情から、師言は師茂に対抗するために南朝に走ったと推測される。

家の浮沈を賭けたが、家は断絶

正平一統は、師言の「局務」就任、大炊寮奪還の好機だった。

しかし、ほどなく観応三年（一三五二）閏二月には、尊氏と南朝の和は破れ、三月には二代将軍となる足利義詮（一三三〇～六七）が南朝から京を取り戻した。六月、師言は「内々の武命である」として、洞院公賢に大炊寮寮務の安堵の執りなしを求めた。しかし、公賢は「現在そのような執りなしは思いもよらないことだ。まして世務の主はいずれの御方であるか」とつれない返事をしている（『園太暦』観応三年六月二十七日条）。

傷心の師言は、八月頃には次席大外記を退き（『外記補任』）、さらに九月には、師言の大炊寮領への違乱を停止させよとの北朝の後光厳天皇（一三三八～七四）の綸旨が出された。南朝に家の浮沈を賭けた師言であったが、その賭けは失敗し、子息も早世しており、家は断絶することになった。

他方の師茂の子孫は、大炊寮を相伝し、「局務家」としてその後も北朝を支えていった。

四　「官務」小槻氏の補任事例

子孫は壬生家・大宮家として北朝を支える

本稿の第一節でもふれたが、一方の「官務家」である小槻清澄が「懸命の西市司」を失ったことを訴えていた事例はどうだろうか。「西市司」は西京の市を掌った官である。

佐藤進一は、後醍醐天皇による「官司請負制」打破の事例として、「東市正」の事例を挙げる（佐藤：一九八三）。清澄も南朝によって、相伝の「西市司」を失ってしまい、再度得ることを望んでいるのだろうか。ただし、「東西市正」それぞれの補任事例をみると、この官は鎌倉時代から南北朝時代に特定の家で相伝されている様子はうかがわれない。

清澄の場合も、自身や近い祖先が「西市正」に任じられた様子はみえないが、貞和二年（一三四六）に子息の光夏が任じられている。その後、観応二年（一三五一）までには任を離れていたのであろう。「西市正」はおそらく収入を見込める官であり、政権の交代を奇貨として、再度の補任を望んだと推測される。官司の収益源として、この時期、京の商業課役が目立ってくることともかかわるかもしれない（遠藤：二〇一〇・二〇一五）。

小槻匡遠・清澄の二人は、以後も左大史を務め、その子孫が壬生家・大宮家として北朝を支えていく。

五　陰陽寮の動向と下級官人

北朝への忠節を積み重ねる賀茂・安倍両氏

洞院公賢が挙げた官ではないが、下級官人のうち陰陽寮では、正平一統を画期として構成員が変化したと指摘されている。

陰陽寮は、天文観測、暦の作成、占いなどにより朝廷に奉仕した官司である。鎌倉時代には賀茂氏・安倍氏に寡占されるようになった。同時代には両氏とも多くの流に分かれ、それぞれ一族を挙げて陰陽寮に進出していった。

南北朝期になると庶流の淘汰が進んでいく。とくに正平一統後には賀茂氏ではその多くの流から二流が、安倍氏では一流（のちの土御門家）が陰陽頭（長官）に任じられる家として確立し、室町期に続いていった（野口：二〇二二）。野口飛香留によれば、台頭の背景には、両氏のなかでもこれらの流が、北朝に継続的に出仕し、北朝への忠節を積み重ねたことがあるという。

六　内蔵寮の動向と下級官人

同じ官司でも役割が分化する

本稿の第一節でもふれたように、内蔵寮では長官山科教言（一三二八〜一四一一）と年預坂上明清の二人の動向が話題となっている。

内蔵寮は禁中の蔵を掌り、宝物の管理や天皇などの装束の保管・調進、祭祀の奉幣、御膳のことなどを差配した。本来、ひとつの官司であるが、鎌倉後期までには長官が差配する業務と、年預が差配する業務に分かれていた（遠藤：二〇一一）。

内蔵頭は、貞和二年（一三四六）に教言が任じられて以降、山科家が相伝し装束関係の業務を担った。一方、祭祀の奉幣、御膳のことなどは年預が担う、というように同じ官司でも役割と組織が分化している。公賢の返答からは、この時点ですでに内蔵寮が分化した形で把握されていることがうかがわれ、興味深い。

こうした分化はさまざまな官司でみられる。もちろん、すべての官司が同じように分化しているわけではなく、個々の運営状況がある。そして、年預などが分化して役を務める背後には、知行者とされる有力者の姿がみえる場合もある。たとえば、内蔵寮年預は、室町時代には中級公家の中山家を知行者として、その家人（家来）が任じられている。このように分化していく背景には、付随する収益の問題があろう。また「朝恩」（朝廷から受ける恩義）として収益を設定し、誰に与えるか、という点には、むろんその時々の政治判断がかかわっていると思われる（遠藤：二〇一五）。

史料に残りにくい下級官人層の姿

ところで、室町時代の内蔵寮で長官を務めた山科家歴代の日記が現在まで知られている。この日記からは、寮頭山科家、目代大沢家（山科家の家人）による内蔵寮の仕事、運営体制などがよくわかり、貴重である。

同様に「主水司」（水・氷の調達および粥の調理を監督）という官については、主水正清原氏（局務家）に仕え、目代を務めていた中原康富（一四〇一〜五七）の『康富記』が存在し、運営状況がわかる。「主水司」も長官とは別に、年預が請け負っていた役割が存在する。ただし、ここで注意が必要なのは、彼らが日記に記しているのは、基本的に自らの管轄・興味の範囲内である、ということである。

彼らは、知行者としての山科家、あるいは清原氏の請け負っているものとは異なる仕事を担い、異なる収益基盤を有していた年預の動向については、ほとんど記していない。書かれているのは、「長官―目代」の管轄範囲内の記事である。そこに年預たちの活動・収益基盤があまりみえないことは、彼らの職に活動・収益がないことを意味するものではない。下級官人層の動向はなかなかわかりにくいが、残されている史料の偏りを意識しつつ、その向こうにほのみえる人びとの営為に注目することで、新たな下級官人たちの世界がみえるのではないだろうか。

おわりに――政権交代を奇貨とする下級官人たち

本稿では、「正平一統」にあたっての朝廷官人のやりとりを手がかりに、当時の主要な下級官人たちの動向を追ってみた。

朝廷官司には、本来はさまざまな氏族の出身者が任じられていた。しかし鎌倉時代までには、特定の一族が特定の職を寡占するように、彼らが努力をする様子がみられた（遠藤：二〇一一）。その過程で、特定の一族は多くの家に分流した。しかし、南北朝期から室町時代にかけて、これら多数に分かれた家のなかでは淘汰が進み、いくつかの家に絞られていく。

本稿で取りあげた官人たちをみると、北朝から南朝への政権交代（正平一統）を奇貨として、他流との競合関係を有利にしようとしたり、経済基盤を確保しようとする様子がみられた。こうした状況は、「正平一統」が解消され北朝が盛り返したときにも同様であっただろう。

南北朝時代に、特定の家への集約が進む背景には、戦争による官人たちの窮乏化とその打開のための動き、また彼らを掌握しようとする権力者の動きがあったと考えられる。

【主要参考文献】

殷捷「鎌倉・南北朝期における朝廷の官司制度とその変遷」(『史林』一〇四―二、二〇二一)
遠藤珠紀「中世朝廷の運営構造と経済基盤」(『歴史学研究』八七二、二〇一〇)
同『中世朝廷の官司制度』(吉川弘文館、二〇一一)
同「造酒司酒麹役の成立過程」(『鎌倉遺文研究』三六、二〇一五)
河内祥輔・新田一郎『天皇と中世の武家』(天皇の歴史4、講談社学術文庫、二〇一八。初出二〇一一)
佐藤進一『日本の中世国家』(岩波文庫、二〇二〇。初出一九八三)
野口飛香留「南北朝の分立と陰陽師」(『古文書研究』九三、二〇二二)
松永和浩『室町期公武関係と南北朝内乱』(吉川弘文館、二〇一三)
丸山裕之「中世後期の主水司領経営」(『年報中世史研究』三七、二〇一二)
三浦龍昭『征西将軍府の研究』(青史出版、二〇〇九)
森茂暁『増補・改訂　南北朝期公武関係史の研究』(思文閣出版、二〇〇八。初出一九八四)

【さらに詳しく学びたい読者のために】

①佐藤進一『日本の中世国家』(岩波文庫、二〇二〇。初出一九八三)
②国文学研究資料館編・小川剛生『南北朝の宮廷誌―二条良基の仮名日記』(吉川弘文館、二〇二一。初出

は臨川書店、二〇〇三）
③井上幸治『平安貴族の仕事と昇進―どこまで出世できるのか』（吉川弘文館、二〇二三）
①は、朝廷運営に「官司請負制」という特質を見いだし、南北朝期にいたる変化を記している。中世朝廷の官司を考えるうえで基礎となる書である。
②は、南北朝期に二条良基が、北朝のため公事の復興を志し、公武関係を築いていく様を描く。
③は、平安時代の官人たちの仕事や昇進の様子などリアルな姿を紹介している。

第III部

北朝をめぐる論点と新視点

〈第十章〉【門跡寺院と法親王】

南北朝対立とは異なる青蓮院門跡の〝相承〟の世界

生駒哲郎

はじめに――なぜ、青蓮院門跡に注目するのか？

国家安穏の加持祈禱を担う密教僧

後嵯峨（ごさが）天皇（一二二〇～七二）以来の「両統迭立（てつりつ）」問題と、その後の南北朝による皇統の分裂というように、政治性を帯びた対立関係が、宗教の世界、それも皇室関係寺院の門跡（もんぜき）寺院にどのような影響を与えたのかが、筆者の関心事であった。

しかし、期待は意外な方向に進んでいった。有体（ありてい）にいうと、門跡寺院内には顕著な対立関係がみられないのである。それはなぜなのか。その理由を追究するためには、どうも門跡寺院代々の**門主相承**（もんしゅそうしょう）と**聖教継承**（しょうきょうしょうけい）（後述）の歴史を鎌倉初期までさかのぼる必要があるようだ。読者の方々には、その答えを求めてお付き合いいただきたい。

中世の国家仏教で「三門真言」という言葉がある。「三門」とは天台宗の比叡山延暦寺（山門。滋賀県大津市）・園城寺（寺門。同前）・東密（仁和寺〔京都市右京区〕・醍醐寺〔同伏見区〕などの真言宗寺院）を指し、国家安穏などの密教の加持祈禱は、これら「三門」の密教僧が担った。

「三門」の密教僧とはいっても、具体的には門跡寺院に属する僧による祈禱である。門跡寺院とは、天皇の皇子である親王や藤原摂関家の子息らの貴種が入室する寺院のことをいった。中世には多くの門跡寺院があったが、その頂点に立つのが仁和寺である。仁和寺は親王が入室する寺院であったため、別称として「御室」ともよばれていた。また、門跡寺院に入った親王はとくに「法親王」とよばれた。

青蓮院をおもに検討する三つの理由

本稿で取りあげる門跡寺院は、仁和寺ではなく天台宗の総本山である延暦寺に属する青蓮院（京都市東山区）門跡を中心に検討する。延暦寺にはほかに、妙法院（同前）門跡、梶井宮（現在の大原三千院。同左京区）門跡などがあり、青蓮院を含めて延暦寺の「三大門跡」と称されていた。

これら三大門跡のなかでも、青蓮院門跡をおもに検討するのは以下の理由による。

①十四世紀の南北朝期に、両朝の法親王が青蓮院門跡に入室し、そうした法親王らの動向から両朝の関係性をうかがうことができる。

②天皇家・朝廷と武家の幕府（鎌倉・室町）との関係性が、青蓮院門跡にも多大な影響力を与えている。

③永徳二年（一三八二）に摂政の二条良基（一三二〇～八八）が、北朝の後小松天皇（一三七七～一四三三）即位で新天皇に密教の印明（手で結ぶ印相と口で唱える真言）を授ける儀式（即位灌頂）を創出する。この儀式は、今までに、歴代の青蓮院門跡に適任の法親王がいたかどうかと密接に関係している（小川：二〇〇五、松本：二〇〇五）。

本稿では上記の理由から青蓮院門跡を取りあげるが、先にも述べたように、「答え」を求める必要から、鎌倉初期に活躍した青蓮院門跡の門主慈円（一一五五～一二二五）の話からはじめたい。歴史書『愚管抄』の著者として有名な慈円は、のちに摂政となる九条兼実（一一四九～一二〇七）の同母弟であった。この**慈円の遺誡（遺言）**が、**中世をとおして青蓮院門跡に大きな影響を与えつづける**。したがって、まずは青蓮院門跡と南北両朝出身の法親王の動向を考えるうえで、慈円が自身ののちに門主をどう相承（法統を受け継ぐこと）させる予定であったのかを確認したい。

一　入道親王の誕生と慈円の「相伝構想」

入道親王と法親王の違い

慈円は、自分の後継者に「入道親王」を迎えることを計画していた。入道親王とは、大枠では親王のなかで、門跡寺院に入った法親王と同じ意味なのであるが、とくに入道親王と法親王とは区別された。親王宣下を受けてから出家する親王が入道親王とよばれ、それに対し、出家してから親王宣下を受けた親王が法親王とよばれたのである。

つまり、親王宣下が先か、出家入室が先かという順番の問題で、入道親王は法親王より格が上だと認識されていた。当時、入道親王の入室は仁和寺のみであったが、慈円は青蓮院にも入道親王を入室させようと計画した。つまり、延暦寺を仁和寺に次ぐ地位に引き上げようと考えたのである。

青蓮院の入室候補者になったのが、同院の歴史に多大な影響を与える後鳥羽院（一一八〇～一二三九）の皇子**道覚**（朝仁親王。一二〇四～五〇）であった。道覚は承元元年（一二〇八）に親王宣下を受けて、同年八月に慈円のもとに入室した。道覚入道親王は、青蓮院の入道親王の初例であった。

「承久の乱」勃発と慈円の門跡相承計画

しかし、承久三年（一二二一）に後鳥羽上皇は鎌倉幕府の執権北条義時（一一六三～一二二四）に対し討伐の兵を挙げて敗れた（承久の乱）。後鳥羽院は隠岐（島根県）に配流となり、さらに鎌倉幕府は、道覚の青蓮院門跡の相伝に反対した。道覚が、後鳥羽院の子であることがおもな理由である。慈円はやむなく甥（九条兼実の子）の**良快**（一一八五～一二四二）に門跡を譲った。嘉禄元年（一二二五）、慈円は道覚に次の遺誡を残している。

①慈円は道覚の青蓮院門跡相伝を約束していたが、幕府がそれに反対している。

②したがって良快に門跡を譲るが、良快の後は道覚が門跡を相承すべきである。鎌倉将軍（摂家将軍）は九条頼経（一二一八～五六）なので、頼経が成人した暁には、慈円が門跡を道覚に譲ると遺言した、と頼経に訴えれば承認されるはずだ。

③道覚の後は、「将軍御兄弟」（**慈源**〔一二二〇～五五〕。父は頼経と同じ九条道家〔一一九三～一二五二〕）に門跡を継承させよ。

慈円は幕府の反対もあり、甥の良快に門跡を譲るが、あくまでも後鳥羽院との約束のとおりにするため道覚を良快の次の門主と考えていた。さらに、道覚の次は、慈円の出身でもある九条家から門主を迎える考えであった。つまり慈円は、次のような門跡相承計画を立てた。

慈円（九条兼実の弟）→**良快**（九条兼実の子）→**道覚**（後鳥羽院の皇子）→**慈源**（九条道家の子）

慈円は最初に道覚の入室を計画したが、承久の乱によって計画の変更を余儀なくされた。そこで慈円は、「慈円（九条家）―良快（九条家）―道覚―慈源（九条家）」というように、形式上は道覚が門主となるが、あくまでも慈円出身の九条家が代々門主となるよう変更したのである。

幕府への配慮と道覚の隠居

しかし、慈円から相伝した新門主の良快は、天福元年（一二三二）に道覚を経ずに十四歳の慈源に門主を譲ってしまった。それは幕府への配慮でもあった。

慈源の異母兄は、鎌倉幕府の摂家将軍九条頼経であった。また、慈源の母は西園寺公経（一一七一～一二四四）の女であり、公経は朝廷と幕府を結ぶ関東申次を務めていた。もう一人の異母兄の九条教実（一二一一～三五）は、摂政となっていた。慈源は青蓮院の門主だけではなく、嘉禎四年（一二三八）に二十歳で天台宗の頂点である天台座主にもなり、寛元五年（一二四七）までの十年間座主を務めたのである。

そして、青蓮院門主になれなかった道覚は、この時期に洛西の善峯寺（京都市西京区）で隠棲することとなった。慈円が描いた門主の相承は、

慈円（九条兼実の弟）→**良快**（九条兼実の子）→**慈源**（九条道家の子）

と道覚が外され、右記のように変化した。

後鳥羽院の崩御と道覚の浮上

延応元年（一二三九）後鳥羽院が隠岐で崩御した。これにより、道覚の立場にも変化が生じる。幕府の警戒が緩んだからである。しかも、三浦義村（?〜一二三九）・北条時房（一一七五〜一二四〇）・北条泰時（一一八三〜一二四二）ら幕府の要人が相次いで亡くなり、彼らの死が後鳥羽院の祟りによるものとの噂が広まった。そのため、後鳥羽院の関係者への待遇が見直されたのである。

延応二年、青蓮院門主の慈源が善峯寺を訪れ、道覚に対し師資（師弟）の礼をとった。慈円の遺誡によれば、門主の相伝は「良快→道覚→慈源」の順であるため、慈源が道覚に敬意を表する形となった。

道覚は慈源に、慈円からの青蓮院「**聖教**」の引き渡しを要求した。これら密教の法会などの次第書である聖教は、寛元二年（一二四四）に道覚への引き渡しが終わった。

慈源の失脚と道覚との確執

さらに、道覚が再浮上するきっかけとなった事件が起こった。

寛元四年（一二四六）、得宗（執権北条宗家の当主）と将軍頼経が衝突し、頼経は鎌倉を追放されてしまった（宮騒動。または寛元の政変）。これにより、頼経の父道家（慈源の父でもある）は籠居して謹慎したが、さらに道家の子一条実経（一二二三〜八四）が当時務めていた摂政を、幕府の圧力により罷免されるという事態にもなった。実経は閉門して抗議し、慈源も実経に呼応して天台座主を辞任してしまったのである。後任の座主には道覚が就任した。

しかし、道覚は天台座主になったものの、慈源は青蓮院門跡の門主と護持僧（天皇や貴人の身体鎮護のために、祈禱を行った僧）の地位は道覚に譲っていなかった。また、道覚が座主になった後も、青蓮院門跡の旧地（平安末に最初に建った場所。鎌倉期に現地へ移る）である三条白川坊を独占していたのは慈源であった。

慈源の意識は、慈円が決めた「慈円→良快→道覚→慈源」という系譜であった。青蓮院門跡は、あくまでも九条家出身者が門主になるもので、道覚入道親王はあくまで自分への〝中継ぎ役〟であるというものであった。

道覚は青蓮院門跡の引き渡しを朝廷に提訴し、後嵯峨天皇は幕府と協議した結果、宝治二年（一二四八）閏十二月に道覚に青蓮院門跡の相伝を命じた。道覚は三条白川坊に入ったが、まもなく体調を崩し、天台座主を辞した後、建長二年（一二五〇）に病死した。道覚が門主であった時期はたった一年であった。

道覚の法脈と慈源の法脈

道覚が没した後、道覚と慈源の間の争いは終わったかと思われたが、じつはそうではなかった。なぜなら、道覚は生前、慈源の九条家に対抗して、二条良実（一二一六〜七一）の子である**最尋**（のちの**道玄**。一二三四〜一三〇四）を青蓮院門跡の門主に指名したからであった。道覚の遺言は、「道覚→**最守**（道覚の弟子。一二二四〜五六）→最尋」であった。最守は、最尋（道玄）が成人するまでの〝中継ぎ役〟であった。

しかし、結果、朝廷は道覚の「最守→道玄」の譲状を認めなかった。朝廷は道覚没後、青蓮院門跡の門主を九条家出身の慈源に戻した。その理由は、慈円の遺誡によるというものであった。しかし、道玄に伝領された慈円の聖教は、その継承が認められた（山本：一九九九）。この聖教が、二条家出身の道玄に継承されたことが、のちのち大きな意味をもつことになる。道覚入道親王と九条家出身の慈源は、確執により道覚から義絶され、結果として次のような系譜が生まれた。

慈円（九条兼実の弟）→**良快**（九条兼実の子）→**道覚**（後鳥羽院の皇子）→**最守**（中継ぎ役）→**道玄**（二条良実の子）

結果、「慈円→道覚→道玄」という青蓮院門跡の系譜は、天皇の皇子の系譜に二条家が組み込まれることになった。

前提が長く複雑になったが、聖教継承の「**慈円**→**道覚**（天皇家）→**道玄**（二条家）」という系譜が確立したことをまずは確認しておきたい。この系譜が、鎌倉末期から南北朝期にかけて法親王らの法脈相承に大きな意味をもつことになる。

ただし、道覚の後、朝廷が青蓮院門主を九条家出身の慈源に戻したことで、

慈円（九条兼実の弟）→**良快**（九条兼実の子）→**道覚**（後鳥羽院の皇子）→**慈源**（九条道家の子）

という、慈円が描いた青蓮院門跡の門主の系譜もできあがったことになる。聖教継承と門跡相承が別の系列になったのである。朝廷にしてみると、慈円の聖教の継承者である二条家出身の道玄のほうが、護持僧としての力量が優れていると思われていたようである。

二　法親王の動向①――後嵯峨天皇と二人の法親王（尊助と慈助）

慈源の没落と尊助法親王の登場

建長二年（一二五二）正月、前年に道覚が亡くなった後、慈源が青蓮院門跡の門主に復帰した。しかし、それもつかの間、翌年十二月に九条家の陰謀（宝治合戦で敗れた三浦氏・千葉氏などの残党による謀叛事件）が発覚した。そのため、父頼経から将軍職を継いでいた頼嗣（一二三九～五六）が更迭され、二条良実を除いた九条道家一門が勅勘を受けた。翌年後嵯峨天皇によって、九条家関係者の慈源から再び最守へと青蓮院門跡の交代がなされた。最守の後の門主は、「後々沙汰する」という内容であった。

後嵯峨天皇の裁定は、道覚の譲状に沿った形になるかと思われた。しかしそれは違った。後嵯峨天皇が選んだのは、二条家関係者の最尋（道玄）ではなく、後嵯峨天皇の三歳年上の兄**尊助**法親王（一二一七〜九〇。土御門院（一一九五〜一二三一）の皇子）であった。

青蓮院門主となった尊助は、天台座主を四度務め、後深草・亀山・後宇多天皇三代の護持僧となった。尊助は幕府からも高僧と称えられ、四天王寺（大阪市天王寺区）別当にも補任されることになるが、それは幕府の後押しによるものであった。

尊助の後継者、後嵯峨天皇の皇子慈助

尊助は、後嵯峨天皇によって青蓮院門跡の門主となった。後嵯峨には、自身の皇子を青蓮院門跡の門主とする思惑があった。それが**慈助**法親王（一二五四〜九五）である。

慈助は、後嵯峨と西園寺公経女との間の皇子であった。弘長元年（一二六二）十二月十二日に、慈助は尊助のもとに八歳で入室した。その際、当時の青蓮院門跡門主は尊助であるが、のちのち慈助に譲るにあたり、いったんは道玄（最尋）を経由し、その後道玄から慈助に門主を譲るということが決められた。

朝廷によってすでに否定された道玄の門主補任は、いっけん道覚の譲状に沿うものであったが、「道覚→道玄→慈助」という系譜は、延暦寺初の入道親王である道覚の系譜を意識したものであった

と思われる。さらには、慈円からの聖教類は二条家出身の道玄が管理していたからでもある。「尊助法親王→慈助法親王」では、聖教の継承ができないのである。

門跡寺院同士の争いと尊助の失脚

尊助・道玄・慈助の三者の関係は、確執などなく良好に進んでいるようにみえた。しかし、文永五年（一二六八）・弘安元年（一二七八）の二度にわたる青蓮院門跡没収という出来事が、三者の亀裂を生むこととなった。

文永五年八月、延暦寺の梶井門跡の門徒が、天台座主の尊助に不満をいだき、山内の根本中堂に立て籠もった。青蓮院門跡の門徒も、延暦寺の末社であった山下の日吉社に集まり対峙する事件が起こった。その責任を取る形で、尊助の座主解任と青蓮院門主の交代が決まった。青蓮院門跡は尊助から道玄へと交代させられた。

後嵯峨天皇の構想は、「尊助法親王→道玄→慈助法親王」であったが、思わぬ形で道玄が門主となった。道玄は天台座主にも補任されたが、他方、尊助は北嵯峨坊（京都市右京区）に籠居した。しかし、また立場が逆転することになる。

道玄失脚と、〝道玄・慈助〟と尊助の確執

今度は、延暦寺の梶井門跡の門徒が座主道玄に不満を抱き、山内の堂舎を閉籠した。さらに文永五年（一二六八）十一月には、梶井門徒と青蓮院門徒が「合戦」に及ぶという事態になった。弘安元年（一二七八）四月に青蓮院門跡は門主を尊助に引き渡して、今度は道玄が西山（京都市西部の洛西）に籠居することとなった。

復帰した尊助と、道玄・慈助との関係に亀裂が入り、「尊助法親王→道玄→慈助法親王」という相承を否定することになる。理由は文永五年に尊助が北嵯峨坊に籠居してすぐに、慈助が道玄と師弟関係を結んだからであった。尊助は、籠居した自分を二人が見捨てたと受け止めていたようである。さらには、かつて道覚入道親王と九条家出身の慈源で青蓮院門跡門主を争ったが、その慈源派が尊助法親王に接触していたのである。

尊助は次のような「弘安元年門跡付属状」を作成している。

①尊助の後は、九条家出身の**慈実**（一二三八～一三〇〇）に門跡を譲る。
②道玄と慈助に門跡相承を約束したが、違背敵対したので約束を破棄する。
③尊助のもとに「若宮」が入室したら、慈実が管領した後「若宮」に門跡を譲る。

この付属状に記された慈実とは、かつて慈源が次の青蓮院門跡の門主と考えていた僧で、慈源と同じ九条道家の子であった。また「若宮」とは、大覚寺統初代の亀山院の皇子**良助**法親王（一二六八

～一三一八）である。流れは以下のようになる。

慈円（九条兼実の弟）→**良快**（九条兼実の子）→**道覚**（後鳥羽院の皇子）→**最守**（中継ぎ役）→**尊助**（土御門院の皇子。後嵯峨天皇の兄）→**慈実**（九条道家の子）→**良助**（亀山天皇の皇子）

三　法親王の動向②――亀山の皇子・良助法親王

密教僧としての正統性と正護持僧

後嵯峨天皇の意向で「尊助（土御門院の皇子）→道玄→慈助（後嵯峨天皇の皇子）」という相承の系譜が引かれたが、「治天の君」（天皇家の家長）が亀山院になると、院は後嵯峨天皇と同じように「尊助→慈実→良助（亀山天皇の皇子）」という相承の系譜を描いた。

それでは、尊助と良助との間に、なぜ九条家出身の慈実を中継ぎさせたのであろうか。それは、かつて同じく九条家出身の慈源が道覚入道親王に青蓮院門跡を譲った際に、青蓮院門跡に本来付属する院内にある桂林院を譲らなかったからである。桂林院とは、古くからの青蓮院の聖教を保管する建物であった（小山：二〇〇二）。

先にも述べたが、慈円からの聖教は道覚派に伝わり、これらの聖教は、尊助と敵対した二条家出身の道玄の手元にあった。したがって、良助は、台密（天台宗の密教）の密教僧としての正統性を確保するためには、古からの青蓮院聖教を蔵する桂林院を管理していた九条家出身の慈実を、「尊助法親王→良助法親王」の系譜に組み入れたかったと思われる。

しかし、密教僧としての実力は、慈円からの聖教を継承していた道玄と尊助とでは比べるまでもなかった。道玄は、後宇多院の護持僧でありつづけた。尊助が門主に復帰してからも、道玄は護持僧であった。尊助は道玄に正護持僧の地位を要求した。尊助が正護持僧になったのは、門主に復帰してから二年後の弘安九年（一二八六）であった。

後宇多院は、道玄の密教僧としての力を認めていた。道玄の弟子慈助法親王も、弘安十年に門主ではないのに、持明院統（のちの北朝）の伏見天皇（一二六五〜一三一七）の正護持僧となった。しかも尊助法親王から門主を譲られた慈実は、青蓮院門跡門主（弘安九年）のほかに、天台座主（正応元年（一二八八））でもあったが、正護持僧にはなれなかった。

〝聖教の継承者〟という立場は、門主か否かとは別次元の、宗教的権威と捉えられていた面があった。また、慈助が正護持僧になれたのも、後嵯峨天皇の皇子という貴種性もあったといえよう。

青蓮院門主になれなかった良助法親王

後嵯峨天皇皇子の尊助法親王は、正応三年（一二九〇）十月に示寂した。七十四歳であった。

尊助の後は、九条家出身の慈実が門跡を相伝した。門跡は慈実に譲られたが、その後、正応四年七月に慈助法親王が門主に復帰することになった。しかし、慈助は永仁三年（一二九五）に死没したため、同じ年に慈実が青蓮院門主に復帰した。

門跡は「尊助→慈実→良助（亀山院の皇子）」と相承されるはずだったが、良助法親王は慈助が門主に復帰すると、慈助のもとに入った。しかし、その三日後に慈助は没したのであった。その後、良助は天台座主となるが、青蓮院の門主にはなれなかった。妙法院門跡の門主となったのである。

四　法親王の動向③――伏見の皇子・尊円入道親王と亀山の皇子・慈道法親王

道覚以来の新入道親王の誕生

話は少し戻るが、永仁三年（一二九五）に慈実が青蓮院門主に復帰し、その後、九条家出身の慈実のもとを去った良助に代わって、門主の予定者になったのが一条実経の子**慈玄**（じげん）（一二六〇～一三〇一）である。この系譜は、九条家出身の慈源が当初予定していた相承であった。つまり、「慈源→慈実→慈玄」である。

慈実は、永仁五年に慈玄に次のような譲状を書いている。

①良助法親王は敵方の慈助法親王に入室したので、門跡相承の契約は破棄する。

②慈実の後は門跡を慈玄に譲る。「禁裏若宮（きんりわかみや）」の入室が実現したら、授法して門跡を譲進せよ。

この譲状に記された「禁裏若宮」とは、伏見天皇の皇子**尊円**（一二九八～一三五六）である。徳治三年（一三〇八）四月に青蓮院に入室し、同年八月には伏見院の院政がはじまった。その一年後、尊円入道親王が誕生した。青蓮院では、後鳥羽院の皇子道覚以来の入道親王となった。尊円は応長元年（一三一一）には、十四歳で門主となる。

当初、伏見天皇は「慈実→慈玄→尊円入道親王」という相承を予定していた。しかし、正安三年（一三〇一）に慈玄が死没し、急遽、慈玄入室時の弟子である、一条家経（実経の子。一二四八～九四）の子**慈深**（一二八四～一三四七）が中継ぎ役となった。「慈実→慈玄→尊円」から「慈実→慈玄→慈深→尊円」という相承となったのである。

慈円からの聖教継承者・慈道

本稿の第二節でも触れたように、尊助法親王との確執によって青蓮院門跡を追い出された二条家出身の道玄は、十楽院（現在の青蓮院の地にあった花園天皇〔一二九七～一三四八〕の菩提寺）という場所にいた。正安三年（一三〇一）に亀山院の皇子**慈道**（一二八二～一三四一）が道玄のもとに入室し、道玄から伝法灌頂（阿闍梨という指導者の位を授ける儀式）を受けている。

道玄は慈円からの聖教の継承者であり、慈道にも自身が青蓮院門跡の正統であるとの強い自負があった。道玄は嘉元二年（一三〇四）に死没したが、その頃慈道はすでに密教僧として自立していた。

応長元年（一三一一）に青蓮院の門主となった尊円入道親王に対し、慈道は門跡和談（話し合い）を提案した。その内容は次のようである。

①尊円（十四歳）は、慈道（三十三歳）の門下に入り、門跡を慈道に譲る。

②慈道管領の後、尊円に青蓮院・桂林院・十楽院を譲り、尊円の後、後伏見院（一二八八～一三三六）の皇子に相承させる。

この提案は、尊円の父伏見院が賛成し話がまとめられ、正和三年（一三一四）四月に慈道に門跡が引き渡された。尊円と慈道の年の差を考えると、大覚寺統に皇統が移れば、持明院統の尊円には庇護が必要であるが、それはかなわない。しかしその後、尊円と後伏見院の皇子という、持明院統が二代続くほうがメリットありと判断したようである。

しかし、尊円は承諾しなかった。尊円は門跡を慈道に渡せば、門跡は戻ってこないと考えたのである。尊円は反対したが、父の伏見院がこの話を進めて正和三年四月十三日に慈道に門跡が引き渡された。

尊円は最後まで抵抗していた。そこで、伏見院は尊円より十歳年下の弟**道熙**（尊凞。一三〇八～？）を正和四年正月に慈道の室に入れた。

後醍醐天皇の護持僧を務める慈道

慈道は青蓮院の門主になり、天台座主に三度補任された。また花園天皇の護持僧を二度、後醍醐天皇（一二八八～一三三九）の護持僧を三度務めた。

当時、尊円派と慈道派に分かれていた青蓮院は、慈道によって復活した。慈道のもとには**行円**（亀山院皇子）、**祐助**（後二条天皇皇子）、道熙（尊澂。伏見院皇子）、**道澄**（亀山院皇子）、尊円（伏見院皇子）が入室したのである

しかし、慈道はやがて後醍醐天皇の要請で、幕府調伏祈禱に携わるようになる。嘉暦二年（一三二七）三月に、慈道は後醍醐天皇によって四天王寺検校（監督者）に補任され、四月には天台座主へも還補された。これらの補任は、後醍醐天皇の慈道に対する恩賞とでもいうべきものであったかもしれない。

嘉暦四年正月、伏見院との約束どおり、青蓮院門跡が慈道（大覚寺統）から尊円（持明院統）に交代し、尊円がいた常寿院（現在の京都市東山区東福寺近辺に所在していたらしい）が慈道に付され、慈道と尊円がそっくり入れ替わった。

統一された二つの系譜

後醍醐天皇の建武政権（一三三三～三六年）は、旧幕府方の僧にも配慮があった。

建武二年（一三三五）九月には、後醍醐天皇の勅裁により慈道と尊円の和睦が成立した。尊円は慈道の室に入る儀を執り行い、直後に慈道から尊円へ青蓮院門跡が譲られ、慈道は比叡山山内の無動寺（むどうじ）三昧院（さんまいいん）の検校にも補せられた。ここに、伏見院が構想した「慈道→尊円」という相承の構想が実現した。

さらに、暦応（りゃくおう）二年（一三三九）尊円は天台座主に復帰し、同時に慈道は四天王寺検校に復帰した。二年後に慈道は六十歳で没するが、すぐに後伏見院の皇子**尊道**（そんどう）（一三三二～一四〇三）が尊円のもとで出家した。伏見院の構想が、これで実現したのであった。道覚入道親王と九条家出身の慈源（道覚により慈源は義絶されていた）によって二分された青蓮院の系譜が、ここに統一されたのである。

歴代青蓮院門跡の二つの画期

十三世紀初めの鎌倉初期から十四世紀初めの南北朝期まで、およそ百年を超える長いスパンで青蓮院門跡の歩みを検討してきたが、大きく二つの画期があった。それは、

①道覚入道親王（後鳥羽院の皇子）と慈源（九条道家の子）との確執である。結局は、道覚の法脈（ほうみゃく）が青蓮院門主として慈円を淵源に聖教を継承していくことになる。

②道覚入道親王相承（そうしょう）の道玄（二条良実の子）と尊助法親王（後嵯峨天皇の兄）との聖教をめぐる確執である。

後嵯峨院によって道玄の門主が認められず、尊助が門主となるが、これをのちにひとつにまとめたのが大覚寺統の慈道法親王（亀山天皇の皇子）と持明院統の尊円入道親王（伏見天皇の皇子）ということになる。

五　北朝（持明院統）と南朝（大覚寺統）の法親王

南朝系の門主は慈道法親王だけ

青蓮院門跡の門主となった歴代の北朝（持明院統）・南朝（大覚寺統）の法親王を分類すると、別掲（表1）のようになる。

青蓮院門跡に入った法親王（入道親王）のなかで、**北朝（持明院統）系でいえば伏見天皇の皇子尊円入道親王、後伏見天皇の皇子尊道法親王、後光厳天皇の皇子道円入道親王が門主としてある意味正統であるといえる。**

道熙法親王は、尊円が大覚寺統の慈道法親王に一時門主を譲ることに反対したため、その代替としての入室であった。同じ持明院統の尊実法親王も尊円の弟子になったが、「治天の君」であった祖父伏見院の勅裁は、尊実の弟尊道法親王を後継者としていた。つまり、北朝系の青蓮院門主の系譜は「尊円→尊道→道円」であった。

表1　13〜14世紀頃における法親王一覧

法親王名	父	備考
[北朝（持明院統）]		
尊円（1289〜1356）	伏見天皇	入道法親王
道熙（1308〜？）	伏見天皇	
尊実（1314〜？）	後伏見天皇	慈真とも
尊道（1332〜1403）	後伏見天皇	
道円（1364〜85）	後光厳天皇	入道法親王
[南朝（大覚寺統）]		
良助（1268〜1318）	亀山天皇	青蓮院門主にならず
慈道（1282〜1341）	亀山天皇	
行円（生没年不詳）	亀山天皇	青蓮院内の十楽院に住す
道澄（生没年不詳）	亀山天皇	青蓮院内の十楽院に住す
祐助（1302〜59）	後二条天皇	「桂林院」とのみ記す

では、持明院統の伏見・後伏見以外の天皇の法親王はなぜいないのか、ということになるが、それは各天皇の皇子の人数に左右されていた。つまり、法親王になれる皇子がいなければ、各門跡に入室させられないということである。

他方、南朝（大覚寺統）系は、亀山天皇の皇子慈道法親王のみといってよい。同じく亀山天皇の皇子良助（りょうじょ）法親王は妙法院門跡に移ってしまう。

持明院統の尊円は一時的に青蓮院門跡を大覚寺統の慈道に譲るが、「門跡を譲る」とは、具体的には「青蓮院・桂林院・十楽院」を譲ることであった。慈道のもとに入った行円・道澄は青蓮院ではなく、院内の十楽院の門主となった。後二条天皇の皇子祐助法親王も青蓮院ではなく院内の桂林院に入ったのである。

後醍醐は、なぜ青蓮院に自分の皇子を入れなかったのか

ところで後醍醐天皇は、当時の門主慈道に正護持僧として多くの祈禱を依頼していた。また、後醍醐は北朝の門主尊円にも祈禱を依頼した。こうした祈禱依頼から、後醍醐自身が青蓮院に自分の皇子を入室させようとは思わなかったのだろうか。

これまでの研究では、後醍醐の皇子が梶井宮門跡に**尊雲**（のちの護良親王。一三〇八〜三五）、妙法院門跡に**尊澄**（還俗して宗良親王。一三一一〜？）がそれぞれ入っていたため、延暦寺側としては山門三門跡を大覚寺統（南朝）で独占させないため、とも考えられていた（平：二〇〇四）。しかし、それは再検討の余地がある。

後醍醐の兄後二条天皇の皇子祐助の存在があったからである。そもそも後醍醐は、兄の後二条天皇が早世したためのつなぎの天皇であった。後醍醐の次の南朝天皇は、後二条天皇の皇子というのが「治天の君」である後宇多院の意志であった。つまり、後二条の皇子祐助がすでにいたために後醍醐の皇子が青蓮院に入れなかったと思われる。

ただし、祐助については「桂林院」と記されることが多いので、門主ではなかった可能性が高く、門主就任については後醍醐の反対があった可能性もある。

さて、青蓮院門跡法親王の門主は、後光厳天皇の皇子**道円**入道親王でいったん幕を閉じることになる。理由は、後光厳の子後円融天皇（一三五九〜九三）には門跡寺院に入室させられる皇子がいなかったからである。そのため、室町幕府三代将軍足利義満（一三五八〜一四〇八）の子**義円**（のちに還俗して六代将軍足利義教。一三九四〜一四四一）が青蓮院門跡の門主となるのである。

六　天皇の「即位灌頂」と青蓮院門跡の関係

即位灌頂を授ける宗教的根拠とは？

本稿の「はじめに」でも触れたが、永徳二年（一三八二）摂政の二条良基が、三代将軍足利義満をともない北朝の後小松天皇の即位で密教の印明を授ける儀式（即位灌頂）に臨んだ。これは、天皇の即位式で時の摂関が行う儀式で二条良基により創出された。とくに武家の将軍が同席したことが、波紋をよぶこととなった。

しかし、この儀式方法が、まったくの良基のオリジナルというわけではなかった。摂関ではなく、本来は門跡僧が授けるものであった。別掲の表2（次頁を参照）がその事例である。同表からもわかるように、伏見天皇のときの道玄からはじまり、門跡僧はほぼ青蓮院門跡で占められていることがわかる。伏見天皇の時の摂関は良基の曾祖父二条師忠（一二五四〜一三四一）で、門跡僧の道玄は師忠の子である。

こうしてみると異質なのが、花園天皇のときの**増基**（一二八二〜一三五二）である。増基は鷹司基忠（一二四七〜一三一三）の子だが、即位灌頂を行ったときの摂関は鷹司冬平（一二七五〜一三二七）で、増基の兄にあたる。増基は、園城寺聖護院（京都市左京区）門跡の門主**覚助**法親王（父は後嵯峨天皇。一二四七〜一三三六）より伝法潅頂を受法していた。

表2　天皇の「即位灌頂」時の門跡僧と摂関一覧

天皇名	門跡僧	摂関
伏見天皇（持明院統）	道玄（青蓮院）	二条師忠
後二条天皇（大覚寺統）	道玄（青蓮院）	二条兼基
後醍醐天皇（大覚寺統）	慈道（青蓮院）	二条道平
花園天皇（持明院統）	増基（園城寺実相院）	鷹司冬平
光明天皇（持明院統）	尊円（青蓮院）	近衛基嗣
後円融天皇（持明院統）	尊道（青蓮院）	二条良基
後小松天皇（持明院統）		二条良基

このように検討すると、即位灌頂時に担当する僧と摂関とは血縁的につながっていたといえそうだが、法親王が即位灌頂を授けることもあるので一概にはいえない。しかし、ここで思い出していただきたいのが、「道覚（後鳥羽院の皇子）→道玄（二条師忠の子）→（法親王たち）」という法脈である。じつは、**二条家の摂関たちにとっては「道覚—道玄」という系譜が、天皇に即位灌頂を授ける宗教的根拠となったのである。**

さらに検討を加えたいのが、北朝の光明天皇（一三二二〜八〇）のときの摂関近衛基嗣（一三〇五〜一三五四）である（表2参照）。基嗣は、従兄の近衛経忠（一三〇二〜五二）と家督を争った。経忠が南朝方についたのに対し、基嗣は北朝方についたのである。

「観応の擾乱」で異例な組み合わせに

さて、青蓮院を天皇との関係で検討してきたが、本来、青蓮院は**九条家・二条家・一条家の子たち**が入室する門跡といってもよい。それに対し、園城寺の実相院・聖護院門跡には、**鷹司家・近衛家の子たち**が入る傾向にある。

そうした意味では、二条師忠と道玄、鷹司冬平と増基という関係は典型といえる。しかし、近衛基嗣と青蓮院の尊円入道親王の組み合わせは法親王（ここでは入道親王）が即位灌頂を授けた例といえる。なお、基嗣には弟の実相院門跡**静深**（じょうじん）（?〜?）がいた。

ただし、静深が師の増基から灌頂を授かるのは、康永元年（一三四二）であり、光明天皇が即位した建武三年（一三三六）に、静深は実相院門跡の門主ではなかった。しかも、静深は失脚してしまう。それは増基が足利直義（ただよし）（一三〇七〜五二）とも密接だったために、「観応の擾乱」（かんのうのじょうらん）で直義が死亡すると、増基も失脚した。増基の弟子であった静深も一緒に失脚してしまうのである（近藤：二〇一七）。

後小松の即位灌頂が以後の先例に

天皇の即位灌頂における摂関と門跡との関係を検討した。二条良基は、後小松天皇の即位灌頂の印象が強いが、後小松の父後円融天皇のときも彼は摂政であった。しかも、そのときの即位灌頂は、青蓮院門跡の尊道法親王が務めたのである（表2参照）。二条師忠と道玄という伏見天皇のときからの先例と変わらないといえる。

しかし、後小松天皇の即位灌頂では、摂関の良基自らが新天皇に印明を授けた。おそらく、青蓮院門跡から候補者を出せなかったからであろう。後円融天皇には、青蓮院に入室させられる皇子がいなかったのだ。足利義満の子義円が入るが、間に合う状況にはなかった。

結果、後小松天皇の即位灌頂が、以後の先例（門跡僧が入らない）にもなっていくことになったともいえる。

おわりに――門跡寺院を維持するための一番の問題点

以上のように、天皇の皇子が多く門跡寺院に入ったが、各門跡にはそれぞれ個別の事情があった。本稿では延暦寺の青蓮院門跡を題材に検討したが、同門跡のおおまかな傾向としては、〝**九条家の門跡から天皇家の門跡へ**〟という流れを指摘することができる。

本稿があえて、鎌倉初期の慈円から話をはじめたのは、青蓮院門跡が摂関家の門跡から法親王の門跡となるのが、慈円による〝後鳥羽院皇子の入室計画〟がきっかけだからである。また、門跡という地位が、いかに政治的事情にも左右される存在だったかも理解できよう。

二条良基による後小松天皇のときの即位灌頂は、以後先例となるが、それは青蓮院門跡の天皇の系譜がとぎれてしまうからでもある。その後、青蓮院には義満の子義円（ぎえん）（一三九四〜一四四一）が入室し、しばらく足利将軍の門跡寺院になる（義円の兄尊満（そんまん）〔一三八一〜?〕は明徳三年〔一三九二〕、尊道法親王のもとに入室するが、青蓮院の門主にはなっていない）。

ただし、ここで重要なのは、〝**即位灌頂を最初に発案**〟したのがじつは**慈円**であったということである。つまり、慈円が後鳥羽院の皇子道覚入道親王を青蓮院に入室させたのは、この天皇の即位灌頂を青蓮院主導で行う計画であったということである。しかし、十四世紀末の南北朝分裂から合一の時期に二条良基によって大きく変化する。

門跡寺院を維持するのに一番の問題点は、じつは時代を問わず、天皇家から入室させられる子どもの人数に左右されるということである。南朝の後醍醐も、北朝の後円融も、入室させる皇子が足りなかったり、いなかったりした。**門跡寺院の世界では、公武や南北朝の争いの影響を受けつつも、現実は違ったロジックで動いていた**ことも事実である。

【主要参考文献】

稲葉伸道「青蓮院門跡の成立と展開」（河音能平・福田榮次郎 編『延暦寺と中世社会』所収、法藏館、二〇〇四）

同『日本中世の王朝・幕府と寺社』（吉川弘文館、二〇一九）

小川剛生『二条良基研究』（笠間書院、二〇〇五）

小山聡子「中世後期における三昧流と二九一聖教の相承」（『地方史研究』二九五、二〇〇二）

近藤祐介『修験道本山派成立史の研究』（校倉書房、二〇一七）

平雅行「青蓮院の門跡相論と鎌倉幕府」（河音能平・福田榮次郎 編『延暦寺と中世社会』所収、法藏館、二〇〇四）

武覚超『比叡山諸堂史の研究』(法藏館、二〇〇八)
永村眞編『中世の門跡と公武権力』(戎光祥出版、二〇一七)
松本郁代『中世王権と即位灌頂—聖教のなかの歴史叙述』(森話社、二〇〇五)
山本信吉「青蓮院門跡吉水藏聖教について」(吉水藏聖教調査団編『青蓮院吉水藏書目録』所収、汲古書院、一九九九)

【さらに詳しく学びたい読者のために】

①武覚超『比叡山諸堂史の研究』(法藏館、二〇〇八)
②稲葉伸道『日本中世の王朝・幕府と寺社』(吉川弘文館、二〇一九)
③永村眞編『中世の門跡と公武権力』(戎光祥出版、二〇一七)

①は、青蓮院門跡が属する比叡山延暦寺の歴史を学びたい方のためにお薦めします。
②は、青蓮院門跡の歴史そのものを詳しく学びたい方にお薦めします。
③は、青蓮院門跡だけではなく、中世に展開したほかの門跡寺院について学びたい方にお薦めします。

〈第十一章〉
【天皇家と楽器】

先帝供養の儀礼と奏楽——後光厳流天皇と〝笙〟

三島暁子

はじめに

後光厳天皇（一三三八〜七四。在位一三五二〜七一）は北朝天皇家、持明院統の庶流にあたり、生まれながらに皇位を約束された人物ではなかった。ところが、一時北朝系の天皇が南朝により廃位にされた正平一統（一三五一〜五二年）を受け、北朝再興のために足利将軍家によって急遽擁立されたのが後光厳（弥仁）であった。そのため、正統な皇位継承の証として必要となる〝神器〟を欠く、異例の状況下で即位した天皇であった。

本稿では、不安を抱えながらの出発となった庶流出身の後光厳が、北朝天皇家の確かな継承者であることを知らしめるため、どのような方策を講じたのかという点に注目する。そこで取りあげるのは、先帝の追善供養のふたつの形式である。天皇が営む「先帝供養の儀礼」は、国家の祭祀権が明確に示され、皇統の所在を公家社会が確認する場となるからである。

じつは、「先帝の追善儀礼」という視点からみても、南北朝期に生じた変化を受けて、室町時代には新たな形式による法会（僧侶による仏教の儀式）が定着する。そしてそれは、以降、宮中での先帝・女院（生母）の追善儀礼として明治期以前まで継続したのである。

一　「先帝の追善儀礼」の道筋をつけた後光厳天皇

その法会**御懺法講**は、宮中法会の再現として現在も大原三千院（京都市左京区）で毎年五月三十日に営まれている。その前身を後光厳天皇がはじめた際は、声明（仏事で用いられる経文などを朗唱する声楽）の旋律の違い（節づけの有無）や雅楽の有無（声明や式次第に付随する伴奏として）など、さまざまに式次第を組み合わせ、僧侶と天皇以下、公卿らによって七日間営まれた（室町時代には三日間）。

そもそも法華懺法（懺法）とは、『法華経』に基づき犯した罪障の懺悔を通じて安寧を祈念するもので、僧侶の修行としてはじまった。法華信仰の浸透にしたがい、中心となる法要の前提としてや、追善の目的でも行われるようになったのだが、後で述べる**法華八講**よりは私的な位置づけであった。

それを、新たな「先帝の追善儀礼」へと、その道筋をつけたのが後光厳天皇であった。

ここでは御懺法講を特徴づけたのが、天皇自らによる仏事次第への直接参加、すなわち雅楽の奏楽や御行道（本尊〔室町時代は普賢菩薩〕の周りを廻り歩く）であったことに注目する。そして、その背景に目を向ければ、南北朝の対立のみならず、北朝持明院統の内でも生じた、嫡流の崇光天皇（一三三四～九八）から庶流の後光厳天皇へ、という皇統の移行が要因となったことが理解できる。さらには、不安定な公家の経済基盤、足利将軍家との関係など、天皇家の置かれた諸状況が、複合的にかかわっていた点も浮かびあがってくる。

そもそも、追善儀礼の式次第には、声明と雅楽の調べ、さらに舞楽など、仏の世界を髣髴とさせる要素が満ちている。先の御代から今へと、正しく皇統が続くさまを体現する先帝の追善儀礼において、後光厳天皇はなぜ音楽に注目したのか。北朝の皇統意識と王権を荘厳（美しく厳かに飾る）する音楽の役割を再確認していく。

二　天皇家にとっての「追善儀礼」の役割

特別な機会に行われる「宸筆御八講」

まず追善儀礼の社会的な役割について振り返っておきたい。

平安時代より貴族社会に浸透した追善儀礼に法華八講がある。『法華経』八巻（開・結経を加えた十巻の場合も）を八座（十座）に分けて、僧侶による声明と講説を朝夕二座、四日間（五日間）かけて行う法会である。この法会で、なにより人びとの関心を集めたのは、『法華経』第五巻の「提婆達多品」の一場面を庭上（庭先）で再現する「薪の行道」（釈迦は前世で阿私仙人〔その後世が提婆達多〕に、水を汲み薪を集め仕えた功から法華経を授かった）であった。

その様子は、薪や水桶を携えた者が僧侶に従い、また、主催者へ献じられた金銀細工などの「捧物」を手にした者も加わる。奏楽とともに行基作と伝わる歌を唱えながら行道が繰り広げられたのである。次第に組み込まれた舞楽ももちろんながら、奏楽に満ちたその日は「五巻の日」とも称され、文芸・芸術にも大きな影響を与えてきた。そうした盛儀が、主催者の権勢を可視化する指標となり、一門の家督継承者が氏寺で盛大に執り行う社会的な法会として、法華八講は広く認識されてきたのである（佐藤：二〇〇二）。

この御八講は、天皇家においては、御願寺（天皇・皇后・親王などの発願によって建てられた寺）の年中行事に組み込まれ、**国忌八講**として営まれた。やがて法華八講の高まりを受けた院政期（十一世紀後半～十二世紀末）になると、特別な機会には、上皇（天皇）による宸筆（自筆）書写経を用いた**宸筆御八講**が企画され、さらなる盛儀として仙洞（上皇の御所）でも営まれたのである。

後世に影響を与えた「宸筆御八講」

宸筆御八講は、盛大な儀礼であるため頻繁に催されたわけでなかった。だからこそ、ひとたび催されると語り継がれるべきものとなり、後世に影響を与えることとなった。

十四世紀には三度計画されたが、最後の例（三度目）は財政難などから計画が変更となっている。一度目と二度目の概略を紹介しよう。

（1）元応二年（一三二〇）に後醍醐天皇（一二八八〜一三三九）による生母の談天門院（一二六八〜一三一九）の追善として五十年ぶりに営まれたが、「捧物」は省かれ御八講の見せ場は縮小されている。

（2）後醍醐のさらに五十年後、応安三年（一三七〇）には、後光厳天皇（在位一三五二〜七一年）が退位の前年に実父の光厳天皇（一三一三〜六四）の七回忌として営んだ。

このとき、後光厳天皇は法会の場として初めて宮中の清涼殿を用いることとし、それが追善儀礼としての大きな転機となったのである。なぜなら、本来、ハレの存在である天皇は、死穢に通じる仏事とは距離をおくものとされたため、従来の宸筆御八講においても事前の経典書写のほかは、出御聴聞（お出ましになり法会の講説を聞く）にとどまってきた。したがって、物理的にも天皇の御在所である清涼殿を道場とする先例はなかったのである。しかし、当時の正親町東洞院内裏（京都市上京区）は狭小であったため、やむを得ずの措置とされた。

「捧物」については、困窮のなかでも体裁が保たれており、盛儀の形式をめざした様子がうかがえる。

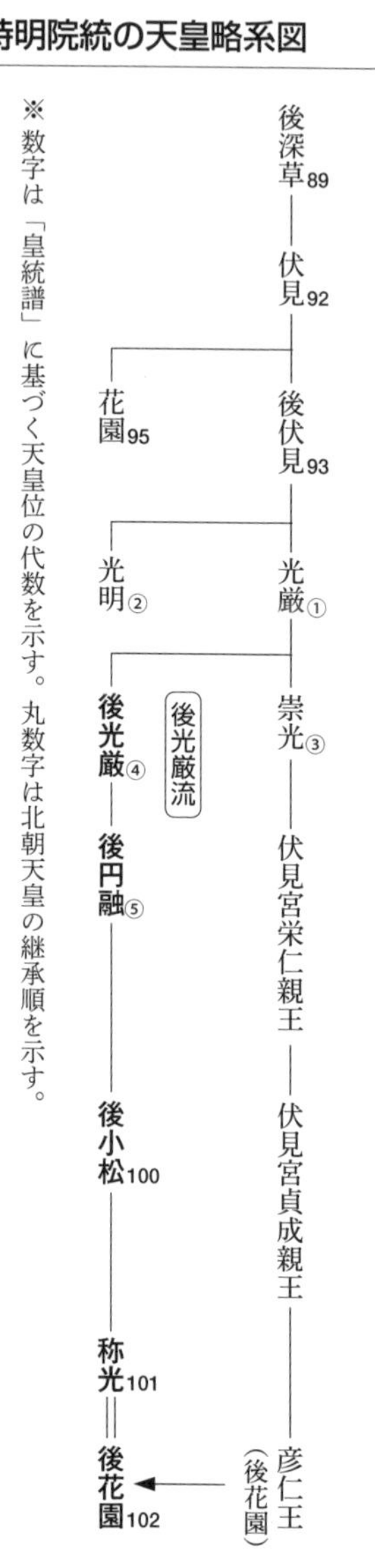

後光厳天皇の立場からみれば、困難な諸事情を抱えながらも、五十年ぶりの追善儀礼を盛儀として開催することを望み、それが果たされたことは、北朝天皇家の家長の存在感をおおいに示したことになろう。

この法会の翌月、後光厳天皇は譲位の意を表し、翌年即位したのが自身の皇子、後円融天皇（一三五九〜九三）であった。こうした道筋は、皇統が持明院統の嫡流に戻ることなく、〝新たな後光厳流〟が生じたことを印象づけるものになったにちがいない。

その後、三度目の宸筆御八講は、後光厳天皇の七回忌として子息の後円融天皇が康暦二年（一三八〇）に計画をするが、興福寺の強訴と財政難から断念せざるをえなかった。そして、その代案として内々に営まれたのが宮中での**法華懺法**、すなわち御懺法であった。

康暦二年の御懺法は、奏楽と文字の力で称揚

康暦二年（一三八〇）の御懺法については、その開催にもかかわった二条良基（一三二〇～八八）が記した『雲井のみのり』により、どのように公家社会に受け止められたのかを知ることができる。また文学の面からは、こうした天皇の事蹟を書き記す仮名日記は特別なもので、王権を盛り立て、称揚する文化的事業であることが明らかにされている（小川：二〇〇三）。つまり、内々の儀ではあったが、文字の力でこれを称えて荘厳したのである。

さらにこのとき、ふさわしい先例として記されたのが、応安元年（一三六八）の後光厳天皇による祖父の後伏見天皇（一二八八～一三三六）追善の三十三回忌供養であった。

それによれば、この法会の興りについて「文和（一三五二～五六年）の御かど（後光厳天皇）おほんとき、はじめて楽を奏しあはせられしかば」と記される。つまり、後光厳天皇が奏でる**笙**（後述）の調べによって供養がなされた点を法会の象徴として記すのである。音楽史の視点でみると、この奏楽は、まさしく追善の場を象徴する事柄で、皇統の移行が示された場であったことがわかる。

三　後光厳流の継承者を象徴する楽器「笙」

宮廷社会での「詩歌管絃」の再評価

八世紀の雅楽寮の設置が示すように、国家の祭祀・儀礼の荘厳に必要不可欠なものとして、音楽は国の管理下に置かれてきた。

また、管理にとどまらず、自ら演奏することも宮廷社会では必須の教養とされたため、「詩歌管絃」「三舟の才」（漢詩・和歌・管絃の才能に優れること）の語が王朝文化の代名詞ともなった。それというのも、正しい音楽を奏でることで国が正しく導かれるとする「礼楽の思想」がその根底に流れていたからである。

しかし、形を留めないものという制約も相まって、文字として記された詩歌に比べると、管絃の役割や意義に関する検討は途上にあるといえよう。近年、文化史への注目度が上がるのにともない、王権を象徴・荘厳する音楽の役割について、研究が重ねられるようになってきた。

その成果の主要点は、

①天皇や上皇が催す楽会は、「御遊」として公的な位置づけを有し、天皇が奏する楽器は皇統を象徴するようになっていく。

②権威をもつ者たちが儀礼として演奏を行うことが、実質的に演奏伝承を担い下支えしてきた者た

ちとの関係にもさまざまな影響が生じたこと。
などである（豊永：二〇〇六・二〇一九・二〇二一、池和田：二〇〇九、中原：二〇〇九、三島：二〇一二、猪瀬：二〇一八）。

「詩歌管絃」は決して余技ではなく、年中行事に組み込まれた公家の営みそのものであり、彼らのあるべき姿を映すものとして注視していくべき事象のひとつなのである。

和歌で寿ぎ、管絃で心をひとつに合わせる

天皇と管絃の関係を端的に記したものに、順徳天皇（一一九七〜一二四二）の有職故実書『禁秘抄』があり、同書には「学ぶべきは第一に学問、第二に管絃」とある。

同書が、承久の乱（一二二一年）の直前、新たな武家政権の鎌倉幕府との対立が顕在化するなかで編まれた〝帝王学の書〟である点に鑑みれば、理想とする王権の形成に管絃の役割を大きく期待したことが理解できるだろう。

事実、順徳天皇は建保六年（一二一八）に中殿御会（清涼殿で催された和歌と管絃の会）を百十三年ぶりに再興しており、和歌で寿ぎ、管絃によって心をひとつに合わせることで、天皇家の求心力強化を図ったものといえる。

『禁秘抄』で管絃の学びについて、「必ず一曲に通ずべし」とした順徳天皇の意図は、後代に引き継

がれ、持明院統の嫡流は代々琵琶を奏してきた。またこれにともない、琵琶の「御師」（師匠）として天皇を支えた西園寺家が、政治文化の両面で、さらには天皇家の外祖父としても権勢を誇った。王権と音楽、また奏楽にかかわる人脈は、公家社会を理解するうえでも有効な視点である。

崇光流の「琵琶」、後光厳流の「笙」

持明院統に連なる後光厳天皇も、即位後に「琵琶」の伝授を受けるが、その後に実際に奏する楽器として選んだのは**笙**であった（相馬：一九九八、豊永：二〇〇六）。つまり、天皇の奏する「笙」によって、持明院統の祖父（後伏見院）が供養された応安元年（一三六八）の御懺法は、内々の法会とはいえ、〝新たな後光厳流〟として北朝内に受け止められる象徴となったのである。

加えて仏事に直接かかわってこなかった天皇が、自ら笙を奏し、本尊の周りを廻る「御行道」にも加わった。これらは内々の儀であればこそ可能であったといえるが、北朝天皇家の家長たる後光厳天皇の存在は、仏事次第中における行為によって直接公家社会に受け止められた。

「笙」が後光厳流を象徴した点について、のちの事例も紹介しておく。同流直系は曾孫の称光天皇（一四〇一～二八）で絶え、その跡継ぎとして迎えられたのが持明院統正嫡をルーツとする伏見宮家の彦仁王（後花園天皇。一四一九～七一）であった（二五〇頁の系図参照）。そのため、楽器の習得にあたり実父の伏見宮貞成親王（一三七二～一四五六）は、最初に持明院統を象徴する「琵琶」を学ぶことを勧めたのである。しかし、後花園天皇は「笙」を学んだことから、それは後光厳流の継承者である表明と受け止められたのである（本書の第五章を参照）。

四　追善供養を取りしきる〝法体の足利義満〟

「宸筆御八講」と同格になった「御懺法講」

内々の供養である御懺法は、応永六年（一三九九）にも後光厳の息子、後円融天皇の七回忌として営まれたが、天皇権威を象徴する場、清涼殿で営む〝盛儀の追善儀礼〟として行われたのは、それから七年後の応永十三年のことである。

それは、後小松天皇（一三七七～一四三三）による祖父追善、後光厳天皇三十三回忌の追善であった。だが、実質的にこれを取りしきったのは将軍を辞した足利義満（一三五八～一四〇八）であった。すでに法体（出家の身）となり、天台声明の相承系譜にも名を連ねる義満（道義）は、このとき、僧侶の立場で仏事次第に加わり声明を唱え、「御行道」に後小松天皇とともに加わった。

じつは、前年の応永十二年にも、後円融天皇十三回忌の宸筆御八講が営まれていた。その際も義満は、金襴の袈裟を着して「薪の行道」に加わり、衆目の視線を一身に集めたのである。つまり、二年連続し二様の追善儀礼で、義満がその場の主役として一身に注目を集める演出を行ったといえる。今上(在位中)の後小松天皇には踏み込めない部分、法体を活かした義満の示威行為である。

こうしてみると、応永十三年に清涼殿を道場としたのは、実質的な権力者の義満が深く関与した法華懺法の格を上げるためであったと考えられる。清涼殿で営むことで**宸筆御八講**と同格の追善儀礼となったのである。そしてそれは名称の変化からも読み取ることができ、以降は**御懺法講**と称されるのである。

五　室町時代的な価値の転換とは

「宸筆御八講」「御懺法講」「武家八講」の関係

宸筆御八講と御懺法講の関係は、応永年間(一三九四〜一四二八年)の併存を経て、室町後期は**先帝追善の御懺法講**、**略儀**(「薪の行道」なし)の**宸筆御八講は母后追善**と、それぞれに役割を分担して営まれた。これらの点について室町時代の状況をみていきたい。

後光厳天皇が当初、盛儀としての宸筆御八講を望んだ背景には、不安定な状況下であればこそ、南朝を牽制すると同時に、北朝天皇家の求心力を高めようとした点が読み取れる。だが、その後には別の側面、足利将軍家の法華八講、すなわち**武家八講**が大きく影響したといえる。

武家八講は、宗教界統率の側面も加わって、等持寺(廃寺。京都市中京区)・相国寺(同前上京区)

などの禅宗寺院で盛大に営まれた。「捧物」も天皇家のそれより豪華であり、また公家に対しても廷臣の責務より武家八講への出仕を求める状況などが確認できる（曽根原：一九九八、大田：二〇一四）。将軍家の安定とともに、このような室町時代的な要素が武家八講に加わって定着するさまが、略儀ではない理想（盛儀）としての宸筆御八講の開催を天皇家に決意させたのだろう。

しかし、財政面を幕府に頼らざるをえない天皇家では盛儀の場の象徴である「薪の行道」や舞楽を設けられない、あるいは興福寺が出仕せずといった制約がたび重なり、現実的には別の方策をとらざるをえなかった。その代案として登場したのが御懺法であるため、たんに格下げとならぬような新たな価値観が見いだされることになる。

つまり、「薪の行道」や舞楽といった盛大な場を設けることで、間接的に示された天皇の権威は、「御行道」として本尊を廻る御姿や舞楽など、天皇の行為を直接次第に組み込むことで示されるようになっていった。物理的な制約により、便宜に開始された清涼殿での仏事も、天皇家家長としての立場をより明確に伝える場であると、利用していくのである。御懺法が御懺法講として定着する過程は、先帝の追善儀礼に対する、室町時代的な価値の読み替えがあったわけである。

その一方で、先例重視の側面から宸筆御八講も捨てきれなかった。そのため、法華八講の興りが母の追善であった点に立ち返り、室町後期には母后追善の最上の儀礼として、略儀（「薪の行道」なし）の宸筆御八講を定着させたといえる。

足利将軍家と「笙」の深い関係

後光厳天皇が、自身を象徴する楽器として選択した「笙」については、もうひとつ、足利将軍家と切り離せない関係であることを示す側面もある。

足利義満や子息の義嗣（四代将軍義持の弟。一三九四～一四一八）が「笙」を演奏したことは早くから注目され、従来も義満の公家文化政策の視点で論じられてきた（坂本：一九九四）。しかし、足利尊氏（一三〇五～五八）が「笙」をはじめたのは建武元年（一三三四）と伝わるように、足利将軍家も早い段階から管絃の役割に注目していたのである。

なぜなら、清和源氏の祖先である源義家（一〇三九～一一〇六）・義光（一〇四五～一一二七）兄弟には後三年の役（一〇八三～八七年）と笙伝授にかかわる説話、通称「時秋物語」が流布していた点が前提として挙げられる。伝説ではあるが、先祖の説話に倣い、勝利に通じる「笙」を奏することは、清和源氏嫡流の継承者＝武家の棟梁であることを示すのに有効と理解されていたためである（落合：二〇〇五）。

事実、足利尊氏・直義（一三〇七～五二）の兄弟は、ともに楽を奏して将軍家の安泰を祈念することを実践している。心をひとつにして合わせる行為である〝管絃の力〟を武家も理解し、奏楽の場を設けることに意義を見いだしていた。さらにそこでは、わずかな違いではあるが、従来の説とは違った将軍家流の「笙」の奏法が用いられるなど、独自色が形成されていった（三島：二〇一二）。

こうした例は、天皇家を頂点とする、さまざまな位相において、〝権威を荘厳する音楽〟の役割が理解されていたことを示すものであり、また、足利将軍家の側からも従来の文化を取り込み、己のものとしていく働きかけの具体像といえる。

通底する「帝王学」における管絃の位置づけ

このような初期の足利将軍家の奏楽に対する実態は、「琵琶」でない楽器として、後光厳天皇に新たな「笙」を選択させるのにも無関係であったとはいえないだろう。

「笙」は、後光厳院流と足利将軍家が不可分の関係であることを象徴するものとして、室町時代の雅楽をリードする楽器となる。そして義満時代には、その権威を高めるために雅楽を最大限活用した文化政策（「宸筆御八講」「御懺法講」も含まれる）へとつながるのである。義満が計画した応永十五年（一四〇八）の「北山第行幸」では、舞楽、蹴鞠、猿楽、連歌など、古きも新しきも含めた演出で衆目の注目を集め、圧倒した。

義満は、御懺法講などでも天皇と同じ楽器「笙」を奏したり、声明を唱えたりと実践者としてふるまってきたが、これは儀礼の場を支配し、人々の関係性を可視化する演出能力に長けていたことの表れである。そうした場には荘厳としての音楽が欠かせず、またその機会を通じて宗教界を統制することも可能となることを理解していたからである。

だがその前提には、「帝王学」における管絃の位置づけが通底しており、為政者として倣うべき指針を実践したにすぎないともいえる。

「笙」や声明など、演奏実践者として優れていた義満以後も、代々の足利将軍は「笙」を学ぶことを儀礼とし、「笙始」として記録に残る。もちろんそれは、天皇家が王権と皇統のシンボルとした楽器の文化に倣ったものであったが、朝儀に連なる側面と、源氏祖先に倣い武家棟梁としての求心力を高めるための側面を使い分けていた。将軍家代々のおかれた状況によって、「笙始」に期待された役割が異なるのも、室町時代の状況を具体的に表すものであろう（三島：二〇一二、石原：二〇二〇）。

おわりに――音楽の役割を理解した国を統べる人びと

神託の際、天皇が「琴」を弾じたことが『古事記』に記されたように、神仏に想いを届け、祈る際にも音楽が必要とされつづけてきた。したがって、国を統べる立場の人びともそうした音楽の役割を理解し、実践し、自らの力に取り込む必要があったことは、各時代を通じて共通のことであった。

国の安泰と繁栄を目の当たりにし、五感で確認することになる祭祀や儀礼には、荘厳として音楽は欠かせなかったのである。また、そうした荘厳の音楽は、娯楽が限られた時代にあって、目にも耳にも人びとを楽しませる〝芸能としての側面〟も兼ね備え、広く受け入れられていた。為政者はそのような場を設定し、これをうまく利用して権勢を示すことができたわけである。

新たな時代の価値観を象徴する「新興の芸能」の役割も重要だが、雅楽に代表されるような、旧来の文化のどのようなところに、室町時代的な価値が付与されたのかに注目することで、また新たな視点が拓(ひら)けるだろう。

【主要参考文献】

池和田有紀「中世天皇家の楽統」（アジア遊学一二六『〈琴〉の文化史―東アジアの音風景』所収、勉誠出版、二〇〇九）
石原比伊呂「足利義稙にとっての笙と義満先例―将軍権威再建への試行錯誤」（『聖心女子大学論叢』一三六、二〇二〇）
猪瀬千尋『中世王権の音楽と儀礼』（笠間書院、二〇一八）
大田壮一郎「室町幕府の追善仏事に関する一考察」（同『室町幕府の政治と宗教』所収、塙書房、二〇一四）
小川剛生『南北朝の宮廷誌―二条良基の仮名日記』（吉川弘文館、二〇二一。初出は臨川書店、二〇〇三）
落合義明『中世東国の「都市的な場」と武士』（山川出版社、二〇〇五）
坂本麻実子「足利義満と笙」（小島美子・藤井知昭編『日本の音の文化』所収、第一書房、一九九四）
佐藤健治『中世権門の成立と家政』（吉川弘文館、二〇〇〇）

相馬萬里子「琵琶の時代から笙の時代へ―中世の天皇と音楽」(『書陵部紀要』四九、一九九八)
曽根原理「室町時代の武家八講」(北畠典生博士古希記念論文集『日本仏教文化論叢・上巻』所収、永田文昌堂、一九九八)
豊永聡美『中世の天皇と音楽』(吉川弘文館、二〇〇六)
同『天皇の音楽史―古代・中世の帝王学』(吉川弘文館、二〇一九)
同「天皇の「楽器始」に関する考察」(福島和夫・上野学園大学日本音楽史研究所編『歴史学としての日本音楽史研究』所収、和泉書院、二〇二二)
中原香苗「楽器と王権」(大阪大学古代中世文学研究会『皇統迭立と文学形成』所収、和泉書院、二〇〇九)
三島暁子『天皇・将軍・地下楽人の室町音楽史』(思文閣出版、二〇一二)

【さらに詳しく学びたい読者のために】

①久水俊和『中世天皇家の作法と律令制の残像』(八木書店、二〇二〇)
②中本真人『内侍所御神楽と歌謡』(武蔵野書院、二〇二〇)
③中本真人『なぜ神楽は応仁の乱を乗り越えられたのか』(新典社選書一〇九、二〇二二)

詩歌管絃の記事は、曲名や楽器担当者の列挙が多い。そのため貴族の日記に記されていても、極端にいえば、ここは歴史的事象にはかかわらない部分、と読み飛ばされる傾向もかつてはあった。また、雅楽の用語など専門知識を必要とすることもあって、特殊な分野と見なされてきた。しかし、近年は遠藤徹著『雅楽を知る事典』（東京堂出版、二〇一三）など、ハンディで使いやすい事典類も増えてきた。

往時の人びとの営みを文化全体として理解するうえでも、ぜひ管絃についても視点を広げ、現代人が趣味で音楽を楽しむ感性と共通する部分はどこか、また、どこは異なるのかというように、関心を広げていただきたい。

「主要参考文献」で紹介した著作物は一部であるため、それぞれが掲げる参考文献を、たどり深めていただくことになるが、北朝天皇家の祭祀に関する近年の成果として、三点を紹介したい。

①は、本稿で論じた天皇家の仏事について、後花園天皇以降、また、天皇家の葬礼や南朝についての分析も収載されている。

②③は、「三種の神器」のひとつ、神鏡を祀り天皇家にとって重要な祭祀である「内侍所御神楽」に焦点を絞ったものである。②は大覚寺統、持明院統の意識や実態を、③は書名が示すとおり、応仁の乱という室町時代の混乱期を経てさまざまな朝儀が廃れるなかで、内侍所御神楽が再興・継承された体制と背景を述べたもの。

〈第十二章〉
【南北朝正閏論】

なぜ後世になって王統問題が再燃するのか?

山口道弘

はじめに――政治的理想を歴史に仮託して語る場

一国に王朝ないし皇統が同時に複数存在する場合に、いずれかを正統とし、その外を閏統（正統に劣後するもの）と判ずる論を正閏論という。

正閏の判断基準は時代によって異なるが、中国の宋代（九六〇～一二七九年）以降は、王朝交替の手続的正しさ（正の基準）と天下の実効支配（統の基準）とのふたつが基準に定まった。ここから、正の基準と統の基準とのいずれを重んずるか、また、正の基準の内容についても、皇位継承の手続きを論ずる際に、合法性に加えてどの程度まで道徳的観点を持ち込むか、といった問題が派生した。これらの派生的問題への応答は論者によって異なり、異なる分だけ多くの正閏判断が生ずることとなった。この事情はわが国においても変わらない。

本書が扱う南北朝期（十四世紀）を対象とする正閏論は、同時代から存在する。そもそも鎌倉時代後期（十三世紀末）から、大覚寺統、持明院統の両統分裂のもと、自派の正統を主張する議論は、すでに蓄積されていた。それらの蓄積をふまえて北畠親房（一二九三〜一三五四）は『神皇正統記』を著し、神武天皇より後村上天皇（一三二八〜六八）にいたる父子一系の継承次第を示した。これに抗して小槻晴富は『続神皇正統記』を著して、後村上の正統を認めず、後醍醐天皇（一二八八〜一三三九）の後は、後嵯峨天皇（一二二〇〜七二）以来の長嫡の裔たる持明院統に正位を帰せしめた（本書の第一章を参照）。

このような自派のためにする正閏論は、南朝勢力が実体を喪うと消滅する。しかし、朝廷や幕府は、近世に入っても、正閏という重要問題に対する公定解釈を与えなかった。そのため、現実政治の利害を離れてからも、正閏論は、論者が自己の政治的理想を歴史に仮託して語る場として機能することとなった。

一　近世正閏論の三つの立場

基本的立場が出そろった正閏判断の論拠

近世中期（十七世紀末～十八世紀中頃）には、正閏論に対する三つの基本的立場と、それぞれの立場を支える正閏判断の論拠が出そろった。三つの基本的立場とは、以下の①～③を指す。

①南朝正統論　同論はさらに、①a**北朝抹殺論**と①b**南正北閏論**とに分かれる。

①aは、**天皇は天下に同時には一人しか存在しえない以上、二人の天皇を同時に認めることはできない**、したがって、**南朝が正統王朝であるとすれば、北朝は閏統としても認めえない**、すなわち、**北朝天皇なるものは臣下の僭称にすぎない**とする立場である。

①bは、**南朝を正統とする系譜上の万世一系を確保しうるならば、北朝天皇を閏統の天皇として認めてもかまわない**とする立場である。

これら南朝正統論の論拠は、三種の神器を所持すること、後嵯峨院が遺言した嫡流（大覚寺統）に属すること、ならびに、反逆者（足利方）の擁立によらないこと、などであった。

南朝正統論の代表的著作は、水戸藩の編修した『大日本史』（明暦三年〔一六五七〕に編纂がはじまり、明治三十九年〔一九〇六〕に完成）であるが、その編纂過程では、北朝天皇の処遇をめぐり、①aと①bとが対立している。このほかには、儒学者・神道家の山崎闇斎（一六一九～八二）とその門人浅見絅斎（一六五二〜一七一二）らも南朝正統論者として名高い。

②北朝正統論　南朝正統論と同様に北朝正統論も、**②a他統を抹殺するもの**と**②b正閏を付したうえで他統天皇の存在を認知するもの**とに分かれる。

北朝正統論の論拠は、近世の天皇は北朝の後裔であること、南朝より広範囲を実効的に支配していたこと、ならびに、そもそも持明院統こそが長嫡流であること、などであった。

北朝正統論の代表的著作には、儒学者の林鵞峰（一六一八〜八〇）が将軍の命令を受けて編修した『本朝通鑑』がある。同書は、足利尊氏（一三〇五〜五八）による北帝擁立を批判して後醍醐天皇の崩ずるまでは南朝を正統としたが、後村上以降は、首都・京都を押さえているか否かを基準として（「都鄙の辨」）、すなわち、国土の実効支配を基準として、北朝を正統とする。

③南北並立論　これは**正閏論そのものを不要とする立場**である。内乱期には南北ともに天皇とよばれた人間が存在し、自統の正統を互いに主張していた事実を、そのまま書けば十分だとする立場である。

論拠としては、臣下として君主の正閏を論うべきでないことを理由としてあげる者が多い。また、一定の基準を定めて事実を裁断すること自体を漢意（中国的な思考）として却けるという教説に基づいて、③の立場をとる国学者もいた（鹿持雅澄〔一七九一〜一八五八〕『日本外史評』）。

以上、三つの基本的立場のうち、②は近世の政治社会では保守的な、かつ現実主義的な立場である。朝廷も幕府も正閏判断を公表したことはないが、朝廷では因襲的に、血統の近い北朝を基準に皇統を認識してきたからである。

これに対し、①は、なんらかの意味において現状に対する革新的な、かつ理想主義的な立場である。もっとも、天皇の地位を危うくするような、革命志向の議論ではないため、両朝合一の後には正統も閏統もないとして、その後の天皇の血統には、あえてふれない。

①②のような南北朝の歴史解釈を素材として対峙する論に対して、距離をおこうとする者は、③の立場に拠ることになる。

二　幕末維新期の正閏論

南朝忠臣敬慕と相まって、南朝正統論が常識となる

前節で取りあげた王統の正閏とは次元を異にする議論として、楠木正成（?～一三三六）を筆頭とする南朝忠臣を敬慕し、尊氏以下の足利方を嫌悪する、という一般的な傾向が、『太平記』や、それを藍本（発想の源）とする文芸を通じて、近世社会に形成されていた。

とくに、南朝中心への人格的共鳴と敬慕とは、幕末に及び、自らを南朝方に擬して既存の体制に抗する勤皇の志士に承継されることとなった。明治時代は、この志士の活動の結果として開かれたため、社会にもとから存在した南朝忠臣敬慕と相まって、南朝正統論が国民的な常識となった。

三　歴史研究者と明治二十年代前半までの正閏論

歴史研究は南北並立論、歴史教育は南朝正統論

幕末維新期に南朝正統論が常識となり、北朝正統論が後景に退いた一方で、南北並立論は少数派ながらも存続した。

明治十五年（一八八二）以降、政府の修史事業（『大日本編年史』編纂）の中心となった、漢学者あがりの歴史家・重野安繹（しげのやすつぐ）（一八二七〜一九一〇）は、その一人である。彼は、志士のような悲憤慷慨（ひふんこうがい）型の政治的人格は、維新後の政治社会には不安定要素でしかないと考えていた。

そこで重野は、志士が共鳴したような、大義のためには死を軽んずる南朝忠臣のイメージは史実ではないとし、忠臣たちはじつは堅忍不抜（けんにんふばつ）の穏健中正（おんけんちゅうせい）な常識人であって、それだからこそ偉大なのだ、と主張した。さらに正閏論についても、それが政敵に賊のレッテルを貼り、その賊との不寛容な対立を導くことから、これを避けて南北並立論を唱えた。

こうした議論は、明治二十年代の政治社会の要求に適合していた。帝国憲法体制が求める政治的人格とは、賊と刺し違える悲憤慷慨漢（明治時代には「壮士（そうし）」とよんだ）ではなく、個々の政策について慎重に議論し、粘り強く交渉しうる、常識的な官僚タイプであった。憲法発布を機に行われた大赦（たいしゃ）で、戊辰（ぼしん）戦争（一八六八〜六九年）の政治犯も赦（ゆる）され、かつての朝敵（ちょうてき）・井伊直弼（いいなおすけ）の復権を企図した、政治

家の島田三郎著『開国始末―井伊掃部頭直弼伝』が公刊（明治二十一年）されるなどといった政治的和解の時代に、壮士や正閏論はふさわしくなかった。

ただし、注意すべきは、重野にせよ、修史事業における彼の同僚・久米邦武（一八三九～一九三一）にせよ、国家社会の指導層を育成すべき高等・専門教育（大学での歴史研究を含む）の領域では、南北並立論を高唱したものの、のちに南北朝正閏論争の戦場となる初等教育の領域には関心が薄かった、ということである。

彼らは、国民一般に最低限の知識を与える小学校では、常識的な南朝正統論で教えてもかまわない、と考えていた。大ざっぱにまとめれば、重野らは、歴史研究においては南北並立論者であったが、歴史教育においては必ずしもそうではなかった。

ヘルバルト派教育学と南北並立論

重野らの後の歴史学界は、国立（官立）大学で専門教育を施された学者（官学アカデミズム史学者）によって領導された。

三上参次（一八六五～一九三九）を代表とする官学アカデミズム史学第一世代の歴史家は、重野らとは異なり、歴史研究のみならず、歴史教育においても南北並立論を唱えた。このうち、歴史研究の場で、官学アカデミズム史学の第一世代が南北並立論を唱えた理由は、重野、久米らの前世代とたいして変わらない。

他方で、官学アカデミズム史学者は、歴史教育に対しては、重野らとは比較にならぬほど大きな関心を寄せていた。その際に、彼らを導いたのが、当時ドイツから帝国大学に招聘された御雇教育学講師のエミール・ハウスクネヒト（一八五三〜一九二七）や、彼の門下によって輸入されたヘルバルト派教育学である。ヘルバルト派は、立派な人物のイメージを児童生徒に刷り込み、「知ラズ識ラズ生徒ヲシテ其志気ヲ高尚ニシ、国民的精神ヲ養成スル」という、不知不識感化論の歴史教育を提唱していた（永井：一九八四）。これは裏を返せば、児童に刷り込むべからざる不祥事は、よろしく教材から削られねばならないことになる。

三上もヘルバルト派の見解に同じで、万世一系の傷となる南北朝分裂という大不祥事は、歴史教育が積極的に取りあげるべき題材ではない、と考えた。南北朝分裂を詳しく教えたくなかったために、彼は、正閏論を回避して南北並立論を奉じたのである。

こうした姿勢は、三上のみならず、その門下であった喜田貞吉（一八七一〜一九三九）にも承継された。そして、その喜田の書いた歴史教科書が、やがて南北朝正閏論争で槍玉に上がることとなる。

四　歴史教育における南北並立論への批判

南朝正統論を歴史教育に求める法学・哲学者

児童に善行美事のみを刷り込む教育方針は、裏を返せば、児童に正邪善悪を判別して正しい側を選ぶ主体性を求めない教育方針でもある。こうした刷り込み式教育は、しかし、明治二十年代後半、とくに日清戦争（一八九四～九五年）以降に強く批判されるようになった。

歴史教育における英雄偉人イメージの刷り込み、倫理教育における「教育勅語」の丸暗記は、たしかに常識的・平均的な善人を育むかもしれないが、主体的に政治を担い、危機逆境に対応するだけの鞏固な意志を具えた人格は育たない、と批判者は主張した。

かかる批判は、政治的な左右の対立を超えて、公法学者の穂積八束（一八六〇～一九一二）が倫理における教育勅語の注入教育を批判するかたわらで、哲学者の大西祝（一八六四～一九〇〇）は「批評心〔批判精神〕」を欠いた「所謂る善人」の「自覚なしの服従」など「奴隷根性」の現れでしかない、と糾弾した（大西祝「批評心」、一八九三）。

たしかな意志をもって善悪を判別したうえで、善を為すがごとき自律的主体を形成すべきことを強く主張した者は、穂積らの法学者と大西らの哲学者とであったが、彼らの主張は、議会勢力の伸張という同時代の大潮流を見据えたものであった。選挙権者が増大し、輿論政治の世となり、ゆくゆくは普通選挙・責任内閣（議院内閣）へ向かうとすれば、個々の国民も政治の担い手としての自覚をもち、鞏固な意志をもって国家の命運に参じなければなるまい。

もし国民が意志的・自律的主体でなければ、あるいは買収され、あるいは多数派の同調圧力に屈してしまい、そうなれば、議会は資産家と凡庸な多数とによる圧政の場に堕してしまうであろうと危惧された。

この弊を避けるための一手段として、法学者や哲学者は、南朝正統論に基づく歴史教育を待望した。すべての国民は、のほほんとした善人であってはならず、南朝と北朝と、どちらが正統であるかを判然と区別し（正閏論）、そのうえで、利益の見込まれる多数派（北朝）を捨て、少数ではあるが正義の側（南朝）に立つような、あたかも南朝忠臣のごとき人格として育てられるべきであった。

文化史に依拠し、南朝正統論を支持する第二世代

歴史学界においても、官学アカデミズム史学の第二世代に属する黒板勝美（一八七四〜一九四六）や三浦周行（一八七一〜一九三一）は、上で述べた法学者・哲学者の教育理念に共感していた。そのため、彼らは歴史教育においては南朝正統論を支持し、正閏論争では三上参次ら第一世代に抗して南朝正統論を唱えた。

ここで官学アカデミズム史学の第二世代が南朝正統論を導き出す際に用いた方法は、文化史とよば

れる。そこにいう文化史とは、絵や音楽を対象とする歴史研究のことではなく、ある時代の事実を、その同時代の社会通念に照らして理解し、批評する、という歴史解釈の姿勢を指す。

具体的には、黒板や三浦は、文化史の方法にしたがえば、南北朝時代の人びとは、自派の所属を度外視する理想的な議論環境においてであれば、南朝を正統としたであろう、といった。なんとなれば、南北朝時代の社会通念では、皇位継承は治天の君（天皇家の家長）の決定に拠るべきであるが、治天の君であった後醍醐天皇は一度も譲位を決したことがないからである（山口：二〇二一）。

五　南北朝正閏論争の政治問題化

小学国史教科書からはじまった北朝抹殺論

さて、小学校の国史教科書は、版元と採用側との贈収賄事件を受けて、明治三十六年（一九〇三）に検定制から国定制に改められていた。

国定第二期の国史教科書は、文部官僚となっていた歴史家の喜田貞吉が担当したが、南北朝の記述は、検定時代の大多数が採った南朝正統論（南正北閏論）ではなく、自らのヘルバルト派的な教育理念に基づいて南北並立論に拠った。この案を審議した教科用図書調査委員会では、委員の三上参次は門下の喜田の決定を支持し、結局、南北並立論にしたがった小学国史教科書が刊行された。

しかし、同論は、同時代社会の主潮たる南朝正統論と矛盾するところから、小学校教師のなかから批判が起こった。ときに犬養毅の率いる立憲国民党は、安定した桂園体制（桂太郎と西園寺公望が一九〇一～一三年にわたり、政権を交互に担当）の下で野党的存在に甘んじていたため、教科書批判を大逆事件（一九一〇年）と絡めて政府（第二次桂内閣）批判の具とし、明治四十四年二月、衆議院に弾劾決議案を提出する。

政府は与党的存在であった立憲政友会の力で決議案を否決したが、この間、政府批判の種を探していたマスコミ（新聞社、雑誌社）が、南朝正統論を奉ずる法学者・哲学者ほかの知識人を糾合して、大規模なメディア・キャンペーンを打ったところから、教科書問題は国民的大問題となった。やむなく政府も対応し、明治四十四年二月から三月初めにかけて、南朝正統を閣議決定し、枢密院諮詢・奉答を経て天皇の裁可を得た。

小学校の教科書も南朝正統論に極まり、南北朝時代は吉野朝時代と改名された。さらに、南正北閏論ではなく北朝抹殺論の立場が採用された結果、教科書の北朝天皇は天皇号を削られて某院と記されるにいたった。

散発的な少数派にとどまった北朝正統論者

なお、本書の主題に鑑みて北朝正統論者にふれておきたい。明治期の南北朝正閏論争の主戦場は、上記のごとく、南朝正統論と南北並立論との対峙にあり、北朝正統論は散発的な少数派にとどまって論戦の大勢に影響を及ぼしていなかった。

北朝正統論者としては、歴史地理学者の吉田東伍（一八六四〜一九一八）や西洋史学者の浮田和民（一八六〇〜一九四六）がいた。吉田は、文字どおり「力は正義なり（Might is Right）」の観点から、伝統的な言い方をすれば、統の基準（天下の実効支配）を重んずるところから、北朝正統論を主張した。浮田は、南朝正統論を掲げた哲学者と同様に、自律的人格を議会政治の基盤として重視してはいたが、人格の陶冶は個人の自覚によるよりも、社会全体の文化的向上の産物であると考えていた。そして、社会の文化的向上の一環として、浮田は、まずは議会勢力の拡大をめざし、そのために、より多くの「民意人心の向う所」であった北朝を正統として、多数派による国家支配を過去にさかのぼらせたのである（姉崎正治「浮田和民君の思出」『丁酉倫理』五二八、一九四七。姉崎〔一八七三〜一九四九〕は宗教学者）。

おわりに――公式決定の歴史研究・歴史教育への影響

南朝正統が公定されると、正閏を論ずる意義も機会も減った。たしかに、政府が南朝を正統とした以上は、公人による北朝贔屓の発言は不利益をもたらす虞があった。たとえば、昭和九年（一九三四）

には、斎藤實内閣の商工相だった中島久万吉が、足利尊氏の人格を称賛した過去の論稿を咎められて大臣を失職した。しかし、このときには南北の正閏は既決であったため、正閏論が蒸し返されることはなかった。

他方で、歴史研究は上記の公式決定に拘束されなかった。大正十一年（一九二二）刊の田中義成（一八六〇〜一九一九）の『南北朝時代史』、昭和二年刊の魚澄惣五郎（一八八九〜一九五九）の『南北朝』（総合日本史大系第六巻）も南北朝の語を書名に含む。三上参次や喜田貞吉も研究の領域では南北並立論を保った。

しかし、満州事変（一九三一〜三三年）など中国大陸における戦争が本格化し、国民意識のいっそうの強化が求められるようになると、歴史研究の場でも南北並立論は憚られるようになった。たとえば、東京帝国大学の史料編纂掛（昭和四年より史料編纂所）が刊行する『大日本史料』は、明治末年の正閏論争の前後を通じて、南北両朝併記の方針を保ったが、三上参次の弟子にあたる辻善之助（一八七七〜一九五五）が定年退官した昭和十三年以降は、併記の見直しを求める学内外よりの圧を蒙った。

結局、南北朝時代を扱う『大日本史料』（第六編之二十九）は刊行を一時見合わせたが、同所の刊行する『大日本古文書　家わけ第十七　大徳寺文書』では北朝天皇を院と記すこととなり、その第一冊（昭和十八年）および、その書式が踏襲された第二冊（昭和二十七年）では、実際に、そのように記されている（東京大学史料編纂所編：二〇〇二）。

【主要参考文献】

千葉功『南北朝正閏問題―歴史をめぐる明治末の政争』（筑摩選書、二〇二三）
東京大学史料編纂所編『東京大学史料編纂所史史料集』（東京大学出版会、二〇〇二）
永井輝「明治20年代の歴史教授目的論―本荘太一郎の場合」（『社会科研究』三二、一九八四）
林文孝「正統について」（伊東貴之編『治乱のヒストリア―華夷・正統・勢』所収、法政大学出版局、二〇一七）
廣木尚『アカデミズム史学の危機と復権』（思文閣出版、二〇二二）
山口道弘「南北朝正閏論争と官学アカデミズム史学の文化史的展開（1）（2・完）」（『法政研究』八七―四・八八―一、二〇二一）
山崎藤吉・堀江秀雄共纂『南北朝正閏論纂』（鈴木幸、一九一一）

【さらに詳しく学びたい読者のために】

①金時徳・濱野精一郎編『海を渡る史書―東アジアの「通鑑」』（勉誠出版、二〇一六）
②合山林太郎『幕末・明治期における日本漢詩文の研究』（和泉書院、二〇一四）
③島田英明『歴史と永遠―江戸後期の思想水脈』（岩波書店、二〇一八）

④寺崎昌男・竹中暉雄・榑松かほる『御雇教師ハウスクネヒトの研究』（東京大学出版会、一九九一）
⑤松田義男『浮田和民研究―自由主義政治思想の展開（第三版）』（私家版、一九九八）
⑥千田稔『地名の巨人吉田東伍―大日本地名辞書の誕生』（角川叢書、二〇〇三）
⑦山口道弘「久米邦武の思想形成」（『藝林』七一―二、二〇二二）
⑧同「久米邦武の思想展開」（『法政研究』八九―四、二〇二三）
⑨廣木尚「中島久万吉筆禍事件の社会的背景」（高木博志編『近代天皇制と社会』所収、思文閣出版、二〇一八）

「主要参考文献」に入れた、山崎藤吉・堀江秀雄『南北朝正閏論纂』は、中世から明治の正閏論争にいたる正閏論の大要と関係史料の抜粋とを載せる、正閏論研究の基本書である。

このほか、近世正閏論に関する近業には、①に収録された、澤井敬一「林家の学問と『本朝通鑑』」、大川真「水戸学と「正統」」、清水則夫「崎門における歴史と政治」がある。近世、とくに近世後期から幕末にかかる南朝忠臣敬慕については、まず②③を読んだうえで、近世の漢籍、たとえば、楠木正成父子に対する史論を蒐めた『南木誌』などを読まれると宜い。『南木誌』は、国立国会図書館デジタルコレクションで閲覧しうる。

なお、中国の正史編纂において正閏論が求められた所以は、本稿には書き込めなかったので、「主要参考文献」に入れた林文孝「正統について」を参照されたい。

明治期の正閏論争の事件史としての経緯は、「主要参考文献」に入れた、千葉功『南北朝正閏問題―歴史をめぐる明治末の政争』に詳しい。

いまの歴史家にはなじみが薄い、明治期のヘルバルト派教育学者については、④に事績が総括されている。

北朝正統論者の浮田和民については⑤を、同じく吉田東伍については⑥が、研究の手掛かりとなるであろう。また、久米邦武が南北並立論を唱えた背景思想については、⑦⑧の拙稿を参照されたい。

本稿では軽くふれるにとどまった中島久万吉筆禍事件が、じつは財界批判のためにする不敬事件であったことは⑨に詳しい。

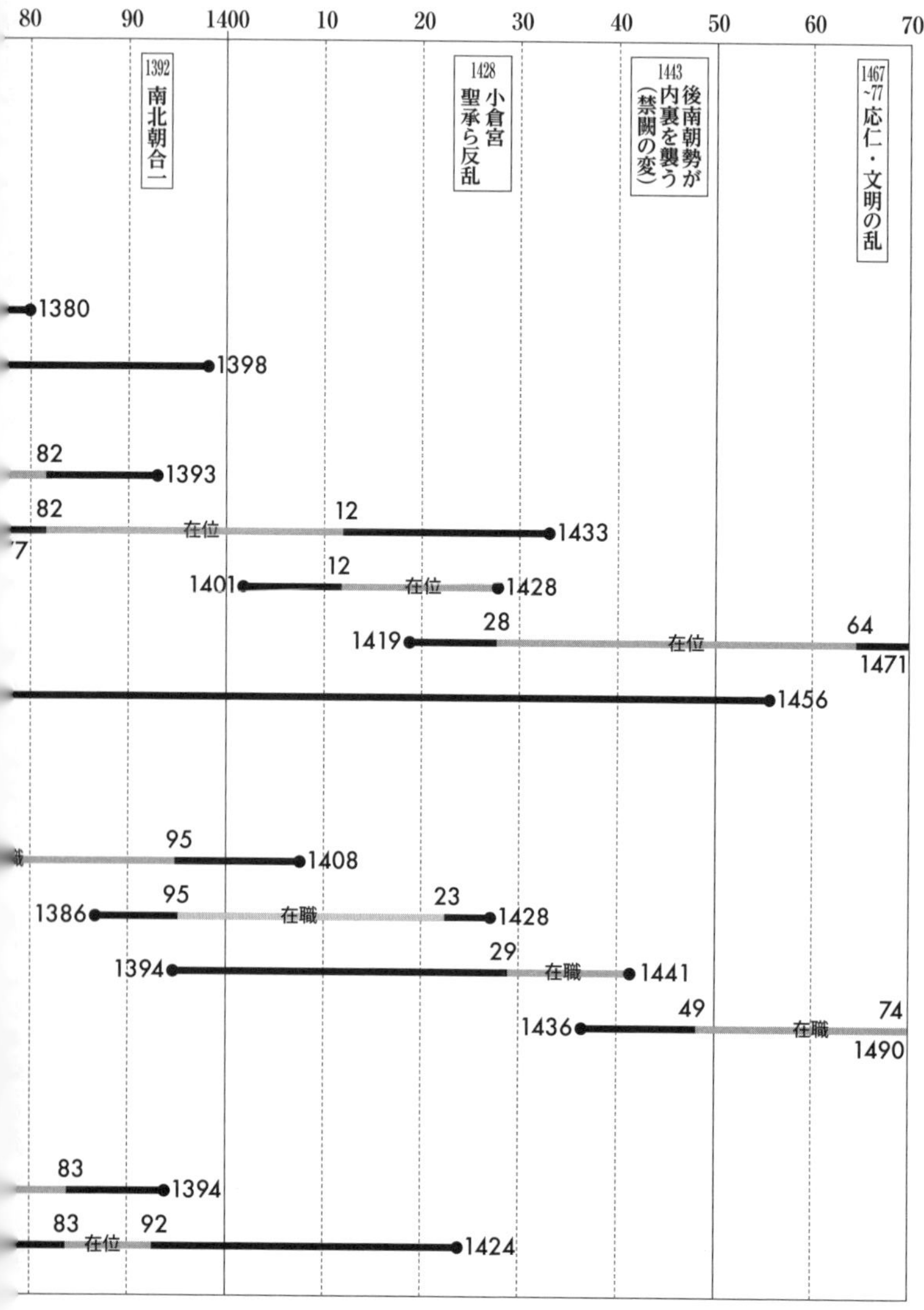

80
90
1400
10
20
30
40
50
60
70
1392 南北朝合一
1428 小倉宮聖承ら反乱
1443 後南朝勢が内裏を襲う(禁闕の変)
1467~77 応仁・文明の乱
1380
1398
82
1393
82
在位
12
1433
77
1401
12
在位
1428
1419
28
在位
64
1471
1456
95
1408
1386
95
在職
23
1428
1394
29
在職
1441
1436
49
在職
74
1490
83
1394
83
在位
92
1424

関連人物生没年比較年表

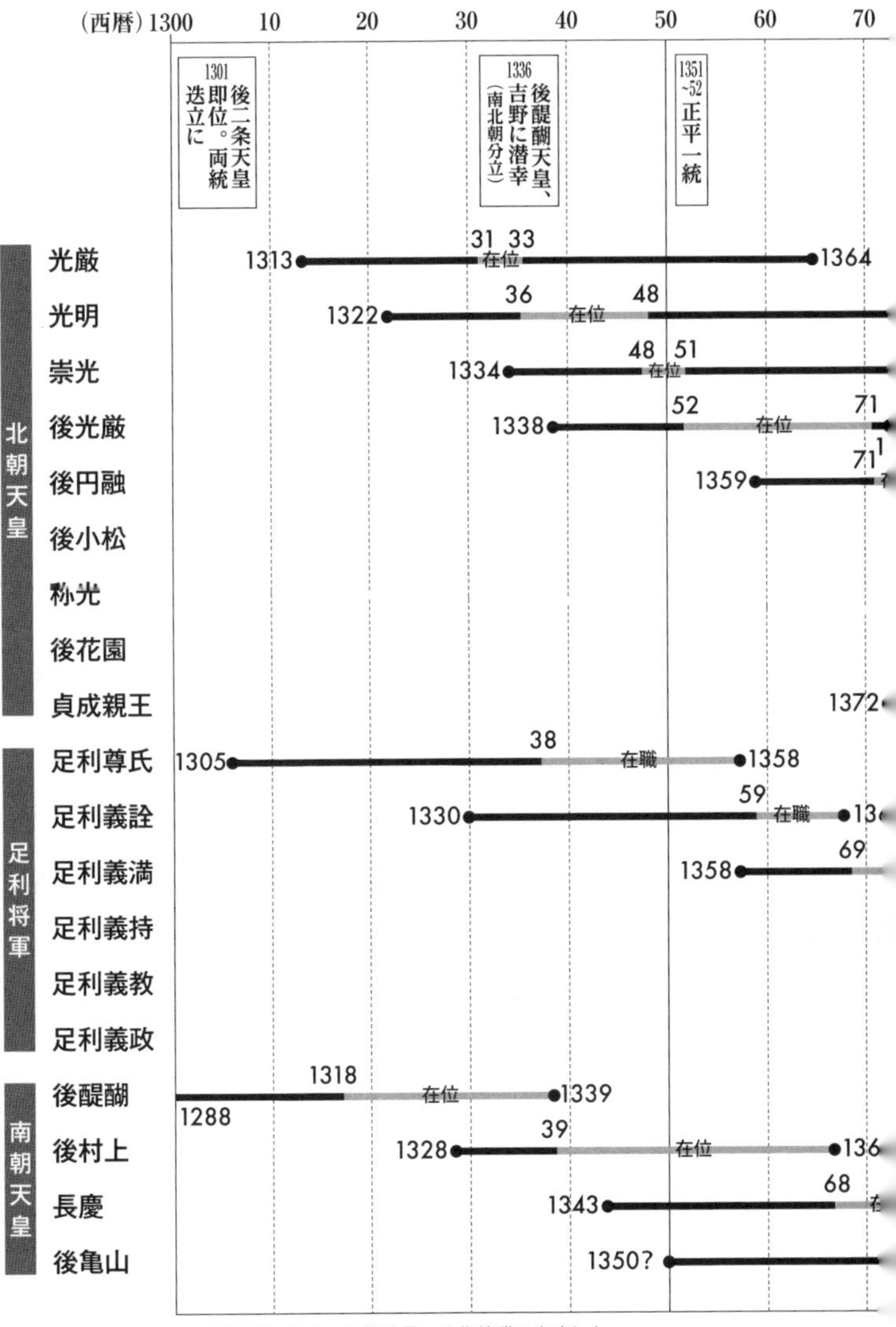

＊足利将軍のうち、５代義量・７代義勝は省略した。

執筆者・編者紹介（五十音順）

家永遵嗣　いえなが・じゅんじ
一九五七年、千葉県出身。東京大学大学院人文科学研究科国史学専攻博士課程単位取得退学。博士（文学）、現在、学習院大学文学部教授。「伊勢宗瑞の小田原入部―明応年間の相模トラフ地震の観点から」（学習院大学文学部史学科編『新・歴史遊学』山川出版社、二〇二一年）、「応仁二年の「都鄙御合躰」について」（長塚孝編著『足利成氏』戎光祥出版、二〇二二年）、「箱根湯本早雲寺の開山以天宗清と鎌倉五山建長寺」（『学習院大学文学部研究年報』六九号、二〇二三年）ほか。

生駒哲郎　いこま・てつろう
一九六七年、東京都出身。立正大学大学院文学研究科史学専攻博士後期課程単位取得退学。現在、東京大学史料編纂所図書部史料情報管理チーム。『畜生・餓鬼・地獄の中世仏教史―因果応報と悪道』（吉川弘文館、二〇一八年）、「三上参次著『国史概説』と講義ノート―南北朝正閏問題と『国史概説』の変遷」（『武蔵野大学教養教育リサーチセンター紀要』第一一号、二〇二一年）ほか。

石原比伊呂　いしはら・ひいろ
一九七六年、三重県出身。青山学院大学大学院文学研究科博士後期課程修了。博士（歴史学）。現在、聖心女子大学現代教養学部准教授。『室町時代の将軍家と天皇家』（勉誠出版、二〇一五年）、『北朝の天皇―「室町幕府に翻弄された皇統」の実像』（中公新書、二〇二〇年）、久水俊和・石原比伊呂編『室町・戦国天皇列伝』（戎光祥出版、二〇二〇年）ほか。

遠藤珠紀　えんどう・たまき　※編者
一九七七年、愛知県出身。東京大学大学院人文社会系研究科博士課程単位取得退学。博士（文学）。現在、東京大学史料編纂所准教授。『中世朝廷の官司制度』（吉川弘文館、二〇一一年）、「伝えられた知識と失われた史料」（前田雅之編『画期としての室町』勉誠出版、二〇一八年）ほか。

小川剛生　おがわ・たけお
一九七一年、東京都出身。慶應義塾大学大学院博士課程中退。博士（文学）。現在、慶應義塾大学文学部教授。『中世和歌史の研究　撰歌と歌人社会』（塙書房、二〇一七年）、『兼好法師』（中公新書、二〇一七年）、『二条良基』（人物叢書、吉川弘文館、二〇二〇年）ほか。

田村　航　たむら・わたる
一九六八年、東京都出身。学習院大学大学院人文科学研究科博士後期課程修了。博士（史学）。現在、明治学院大学教養教育センター非常勤講師。「中原康富と伏見宮家」（松岡心平編『看聞日記と中世文化』森話社、二〇〇九年）、『一条兼良の学問と室町文化』（勉誠出版、二〇一三年）ほか。

中井裕子　なかい・ゆうこ
一九七七年、大阪府出身。関西大学大学院文学研究科博士後期課程修了。博士（文学）。現在、相国寺史編纂室研究員。「後醍醐天皇―影響を与えた後宇多の教え」（久水俊和・石原比伊呂編『室町・戦国天皇列伝』戎光祥出版、二〇二〇年）、「鎌倉時代後期の政治状況からみる後醍醐天皇の政権」（『歴史地理教育』九三一号、二〇二一年）、『室町・戦国時代の相国寺領荘園』（「相国寺研究」一三、相国寺教化活動委員会、二〇二三年）ほか。

久水俊和　ひさみず　としかず
一九七三年、北海道生まれ。明治大学大学院文学研究科史学専攻博士後期課程修了。博士（史学）。現在、追手門学院大学文学部准教授。『室町期の朝廷公事と公武関係』（岩田書院、二〇一一年）、『中世天皇葬礼史』（戎光祥出版、二〇二〇年）、『中世天皇家の作法と律令制の残像』（八木書店、二〇二〇年）、久水俊和・石原比伊呂編『室町・戦国天皇列伝』（戎光祥出版、二〇二〇年）、編著『「室町殿」の時代』（山川出版社、二〇二一年）ほか。

三島暁子　みしま・あきこ
一九七〇年、岐阜県出身。武蔵大学大学院人文科学研究科博士課程単位取得退学。博士（人文学）。現在、武蔵大学人文学部非常勤講師。『天皇・将軍・地下楽人の室町音楽史』（思文閣出版、二〇一二年）、「東山御文庫「琵琶相承系図」について　附翻刻」（田島公編『禁裏・公家文庫研究』第八輯、思文閣出版、二〇二二年）ほか。

水野智之　みずの・ともゆき　※編者
一九六九年、愛知県出身。名古屋大学大学院文学研究科博士課程後期単位取得満期退学。博士（歴史学）。現在、中部大学人文学部教授。『室町時代公武関係の研究』(吉川弘文館、二〇〇五年)、『名前と権力の中世史』(吉川弘文館、二〇一四年)、「中条氏と高橋荘三方」(『豊田市史研究』第十四号、二〇二三年)ほか。

森　茂暁　もり・しげあき

一九四九年、長崎県出身。九州大学大学院文学研究科博士課程中途退学。文学博士(一九八五年)。現在、福岡大学名誉教授。『鎌倉時代の朝幕関係』(思文閣出版、一九九一)、『増補改訂 南北朝期公武関係史の研究』(思文閣出版、二〇〇八年)、『中世日本の政治と文化』(思文閣出版、二〇〇六年)、『足利義満』(KADOKAWA、二〇二三)ほか。

山口道弘　やまぐち・みちひろ

一九七九年、栃木県出身。東京大学大学院法学政治学研究科博士後期課程修了。博士(法学)。現在、九州大学法学研究院准教授。「勘気と宥免—中世後期武家刑事法史の一齣(一)~(三・完)」(『法学協会雑誌』一二七—八~一〇、二〇一〇年)、「制度としての傍輩—『吾妻鏡』頼朝挙兵記事に於ける佐々木氏伝承を中心に」(『千葉大学法学論集』三一—三・四、二〇一七年)、「三上参次と官学アカデミズム史学の成立」(『法政研究』八六—四、二〇二〇年)ほか。

監　修

日本史史料研究会　にほんししりょうけんきゅうかい

二〇〇七年、歴史史料を調査・研究し、その成果を公開する目的で設立。主な事業としては、①定期的な研究会の開催、②専門書籍の刊行、③史料集の刊行、を行っている。また、一般の方々を対象に歴史講座を開講し、同時に最新の研究成果を伝えるべく、一般書の刊行も行っている。主な一般向けの監修・編集書籍に『信長研究の最前線』（洋泉社歴史新書y）、『室町幕府全将軍・管領列伝』（平野明夫編、戎光祥出版）、『家司と呼ばれた人々』（中脇聖編、ミネルヴァ書房）、『室町・戦国時代の法の世界』（松園潤一朗編、吉川弘文館）などがある。

＊監修・編者のプロフィールは、P284〜287に掲載

編集協力：藤原清貴・武石正昭
図版作成：グラフ
組版：キャップス

北朝天皇研究の最前線

2023年11月15日　第1版第1刷印刷
2023年11月25日　第1版第1刷発行

監　修　日本史史料研究会
編　者　遠藤珠紀・水野智之
発行者　野澤武史
発行所　株式会社山川出版社
東京都千代田区内神田1－13－13　〒101－0047
電話　03(3293)8131(営業)
03(3293)1802(編集)
印　刷　株式会社太平印刷社
製　本　株式会社ブロケード
装　丁　黒岩二三[Fomalhaut]
https://www.yamakawa.co.jp/

造本には十分注意しておりますが、万一、乱丁・落丁本などがございましたら、
小社営業部宛にお送りください。送料小社負担にてお取替えいたします。
定価はカバーに表示してあります。

ISBN 978-4-634-15240-3